Grey Owl
In Land der Nordwinde

Grey Owl

Im Land der Nordwinde

Wäscha-kwonnesin erzählt

Aus dem Englischen
von Katarina Freinthal

Lamuv Taschenbuch 292

Bitte fordern Sie unser kostenloses Gesamtverzeichnis an:
Lamuv Verlag, Postfach 26 05, D-37016 Göttingen
Telefax (05 51) 4 13 92
E-Mail lamuv@t-online.de
www.lamuv.de

00 01 02 03 04 10 9 8 7 6 5

Umschlaggestaltung: Gerhard Steidl
Gesamtherstellung: Steidl, Göttingen
Printed in Germany
ISBN 3-88977-592-6

Inhaltsverzeichnis

Kii-wä-kenos Söhne 7

Wenn ein Waldläufer herumgewirbelt wird 13

Ich nahm die Verfolgung auf 19

Eine verborgene Stadt 31

Red Landreville 43

Der Weise vom Pelikansee 53

Wölfe! 67

Hiawatha 73

Jetzt bist du blind! 83

Da der Indianer nicht mehr ist, ist auch deine Stunde gekommen 93

Von der Zerstörung der Natur 117

Kii-wä-kenos Söhne

Rundfunk und Schnelldampfer haben Kanada und das englische Mutterland so nahegerückt, daß man eine Rede über den Ozean herüber hören kann und eine Reise von Liverpool nach Halifax kaum mehr als eine bessere Wochenendfahrt ist. Man kann sich kaum vorstellen, daß gleich hinter dem aufblühenden Kanada die unbegrenzte, unberührte Wildnis liegt. Fast unmittelbar vor den Toren der Zivilisation beginnt ein Land, das fast noch so ist, wie es die Hand des Schöpfers verlassen hat.

Dieses den größten Teil Kanadas ausmachende Hinterland liegt nördlich der Großen Wasserscheide, die sich über die ganze Breite des Dominions hinweg erstreckt und die nach Süden fließenden Wasser von den ins Nördliche Eismeer strömenden trennt. Zum Glück für die Zukunft des Landes wissen die wenigsten, daß nur das südliche Kanada unter die Herrschaft des Fortschritts geraten ist – und auch noch nicht ganz. Die Bewohner jener unberührten Weiten nennen ihr Land »Kii-wä-din«, eine indianische Bezeichnung, die »Land des Nordwestwinds« bedeutet. Im allgemeinen Sprachgebrauch redet man jedoch einfach vom »Norden«. Für den Bewohner Kii-wä-dins ist der zivilisierte Süden eine vollkommen andere Welt. Verläßt er seine Einsamkeit, um der Eisenbahnlinie einen seiner seltenen Besuche abzustatten, dann reist er »runter nach Kanada«, als mache er eine Forscherfahrt in einen unbekannten Erdteil.

Bedenkt man, daß eine Reise von London nach Winnipeg genau so lang dauert wie die Wanderung eines Fallenstellers von seinen Jagdgründen bis zu den Ausläufern der Zivilisation, so ist das nicht weiter verwunderlich. Wildnis und Zivilisation liegen oft ganz nahe beieinander, und doch kommt es vor, daß Menschen dicht vor den rettenden Toren noch eines einsamen Todes sterben.

Die in den unendlichen Wäldern Kii-wä-dins streifenden Indianer leben heute fast genau so wie ihre Vorväter. Sie benutzen zwar die in den Handelsniederlassungen feilgebotenen Dinge – sie könnten sich sonst nicht mehr behaupten –, aber auf der anderen Seite bedienen sie sich noch vieler einheimischer Waffen und Ausrüstungsgegenstände. Auch die Kunst des Waldläufertums wird heute wie vor undenklichen Zeiten gelehrt und ausgeübt.

In vielen Gegenden reckt noch das alte, »Tipi« genannte Spitzzelt seinen vom Rauch gebeizten Kegel über die sandigen Seenufer. Immer noch sind die aus Kaninchenfellen gefertigten Decken und Teppiche der beste Kälteschutz. Heute wie damals dienen Mokassins aus Hirsch-, Elch- oder Karibuleder als Fußbekleidung, denn der tückische Waldboden erfordert einen leichten, sicheren Gang. Speer, Bogen und Pfeil, Holzfalle und der alte Vorderlader – die sogenannte Biberbüchse – werden auf Jagd und Pelztierfang noch oft benutzt. In ganz abgelegenen Gebieten, wo Kleider nur schwer erneuert oder ergänzt werden können, wird Hirsch-, Elch- oder Karibuhaut verarbeitet. Man kann jene Menschen zwar kaum als zivilisiert bezeichnen, sie sind jedoch auf keinen Fall »Wilde«, sondern ehrliche, einfache, gastfreundliche Seelen, aber scheu dem Fremden gegenüber. Die zähe, unabhängige Natur des Indianers erlaubt es nicht, eine begonnene Sache mittendrin aufzugeben. Er kennt keinen Herrn über sich und handelt ganz nach seinem Belieben, aber was er einmal angefangen hat, wird einfach durchgeführt, bis das Werk entweder vollendet oder der Mensch tot ist.

Als Beispiel dieser zähen Entschlossenheit möge das Erlebnis zweier Odschibwä-Knaben dienen. Ich kannte sie, denn ihre Sippe und ich hatten gemeinsame Jagdgründe. Diese lagen in einem Gebiet, das unter dem Namen »Manitu-pi-pagi« oder »Wo der Teufel lacht« bekannt ist. Der Vater der Jungen hieß Kii-wä-keno – Nordwindmann. Seine hohe, kraftvolle und geschmeidige Gestalt fiel selbst unter den hochgewachsenen Stammesgenossen auf. Sein Ruhm als Jäger war in der Gegend geradezu sprichwörtlich.

Es war im Herbst. Die Jagdwinde fegten durch der Nadelwälder leere Hallen. Die Indianer hatten der Handelsniederlassung den Rücken gekehrt und befanden sich, mit Wintervorräten versehen, auf dem Weg zu ihren Jagdgründen. Ungeheure Lasten mußten mehr als dreihundert Kilometer weit über Seen und Tragewege aller Größen und Längen geschafft werden; denn die Indianer verteilten sich familienweise im Land, wo sie das Ende des Winters abwarteten. Er dauert im hohen Norden ungefähr sechs bis sieben Monate.

Die meisten Familien besorgten ihre Last in zwei Reisen und luden sie in das übliche, etwas über drei Meter lange Kanu. Kii-wä-keno jedoch verschmähte dies und verlud das ganze Gepäck in ein großes Frachtkanu, das zwei Männer nur mit Mühe tragen konnten, und schleppte alles allein über die Tragewege. Ein zweites, kleines Rindenkanu enthielt das kleinere Gepäck und wurde von Kii-wä-kenos beiden Söhnen betreut.

Alles ging glatt vonstatten. Die drei legten, je nach den Umständen, dreißig, manchmal aber auch nur acht Kilometer täglich zurück, bis sie die Stelle erreichten, wo das Winterlager erstehen sollte.

Das Lager wurde aufgeschlagen, Fische wurden gefangen und eingepökelt, Wild erlegt und zu Dauerfleisch verarbeitet. In den Mußestunden streiften sie durch die noch unbekannte Gegend und legten Pfade an. Bald lag

Reif auf dem rauhen Gras und verriet die Wege von Fuchs und Luchs. An den Sumpfrändern entstanden schon dünne Eiskrusten. Nun wurden die Fallen aufgestellt, und die Jagd begann.

Kii-wä-keno war ein großer Jäger und sicherer Kanumann, doch die Wildnis weiß selbst den Erfahrenen in ihren Schlingen zu fangen.

Eines Morgens schoß Kii-wä-keno im Kanu auf eine Wildente. Er hatte seine Flinte offenbar zu kräftig geladen, denn der Rückstoß war so stark, daß der Mann in dem von dünnem Eis überzogenen Kanu ausglitt, so daß das Fahrzeug umschlug. Kii-wä-keno wurde von der Strömung erfaßt und über einen zwanzig Meter hohen Fall hinabgerissen. Hilflos mußten die mit dem Abbruch des Nebenlagers beschäftigten Söhne mitansehen, wie ihr Vater starb.

Sie rannten sofort zum Fuß des Falles, fanden jedoch weder den Mann noch das Boot. Da dieser Flußabschnitt sich meilenweit in Fällen und wilden Strudeln austobt, gaben sie zunächst alle weiteren Versuche auf, beschlossen aber, die Überreste ihres Vaters später zu bergen.

So streng und hart ist die indianische Erziehung der Jugend, daß die dreizehn und vierzehn Jahre alten Knaben den Entschluß faßten, den Unglücksfall in der Handelsniederlassung zu melden. Das bedeutete einen fast zweihundert Kilometer langen, über zweiunddreißig Tragestrecken führenden Rückweg. Sie besaßen nur noch das große Frachtkanu. Das Unglück hatte sich zudem in einer Jahreszeit ereignet, deren Eisverhältnisse jede Wanderung von einem Tag zum andern unmöglich machen konnte. Sie mußten sich zu Fuß zum Standlager begeben, denn der Vater hatte auf dem kleinen, zweitägigen Jagdausflug nur das leichte Rindenboot mitgenommen. In einer Gegend jedoch, wo See an See liegt, wurde die Entfernung mindestens doppelt so groß.

Endlich waren sie im Hauptlager und machten sich von dort aus an den eigentlichen Rückweg. Das Land stand kurz vor dem Einfrieren; Eile tat not. Sie nahmen deshalb nur eine Axt, eine Bratpfanne, einen Teekessel, Streichhölzer und etwas Mehl, Fett und Tee mit. Mit dieser leichten Last hofften sie, die Tragstrecken jeweils an einem Stück bewältigen zu können und Zeit zu sparen.

Was nun kam, scheint unglaublich. Jene Jahreszeit ist ihrer schweren Stürme wegen berüchtigt; das große, fast leere Frachtkanu ließ sich manchmal überhaupt nicht mehr manövrieren und wurde oft kilometerweit von seinem südwestlichen Kurs abgedrängt. Gegenwinde machten den Knaben sehr zu schaffen, so daß sie oft die Nächte - wenn die Stürme abzuflauen pflegen - auf Fahrt verbrachten, statt zu ruhen. Zudem war ihnen die Gegend - die sie auf der Herreise zum erstenmal gesehen hatten - so gut wie unbekannt.

Alle diese Umstände stellten große Ansprüche an die Kraft und Geschicklichkeit der Jungen. Die eigentlichen Schwierigkeiten boten jedoch die Tragestrecken. Keuchend schoben die Brüder ihr schweres Fahrzeug auf gefallene Stämme oder Felsbrocken, krochen unter das Boot und stellten sich unter unsäglichen Mühen auf die Beine. Oft auf allen vieren kriechend, schleppten sie die ungeheure Last.

Glücklicherweise waren die meisten Tragewege verhältnismäßig kurz; es gab aber auch einige lange, darunter einen, der sich über acht Kilometer weit erstreckte. Tag für Tag setzten sie die schier übermenschliche Arbeit fort, aßen hastig ihr spärliches in heißes Fett getauchtes Brot und spülten es mit einem Schluck Tee hinunter. Nachts krochen sie halbtot unter das Kanu und schliefen erschöpft, ohne Decken.

Auf den kleineren Seen begann das Eis bereits hinderlich zu werden, und der Bugmann mußte mit einem Pfahl erst eine Fahrrinne brechen, so daß sie in manchen Stunden knapp einen halben Kilometer zurücklegten. Dichter Schneefall setzte ein, und große, nasse Flocken wirbelten durch die Luft. Nun konnten die Jungen das Kanu ziehen, soweit sie sich auf ebener Erde fortbewegten, dafür wurde die Mühsal bergan um so schlimmer.

Sie hatten keinen trockenen Faden mehr am Leib und mußten ihre kärglichen Ruhepausen benutzen, um nackt vor dem Feuer stehend ihre Kleider zu trocknen.

Allmählich überwältigte es sie. Die Tagesleistung ging auf knapp sechs bis sieben Kilometer zurück. Ihr Vorrat ging zur Neige. Sie teilten ihn genau ein, aßen kaum noch und verloren immer mehr Kräfte. Schließlich hatten sie überhaupt nichts mehr. Das große Kanu wurde zum Fluch, zum Zuchtmeister, der ihre Kräfte langsam aufrieb. Aber sie brauchten es.

Gewiß gehörten sie einem für ein hartes Leben bestimmten und erzogenen Volk an, aber sie waren noch Kinder, zwei verlassene Kinder in einer großen Öde, ohne Nahrung, ohne Schutz, ohne Hilfe. Trotz ihrer Jugend bekannten sie sich aber zum Gesetz des Pfades: zu Ende zu führen, was begonnen ist, nie zu straucheln und keiner Entscheidung auszuweichen.

Hohlwangig, von Hungerphantasien gepeinigt, mit leerem Blick und umdüstert von den schwarzen Schatten jenes entsetzlichen Unglücks erreichten Kii-wä-kenos Söhne nach neunzehneinhalb Tagen die Handelsniederlassung. Ihre Tat ist die Frucht jener unausgesetzten Erziehung, denen der indianische Junge unterworfen wird. Diese Erziehung und der spartanische, von einem harten, entbehrungsreichen Leben geprägte Geist ließen sie eine Prüfung bestehen, bei der mancher erwachsene Mann versagt hätte.

Wenn ein Waldläufer herumgewirbelt wird

Ich habe mich noch kaum je »verirrt«. Die Tatsache, daß ich lebe, beweist es. Denn wenn der Mensch sich wirklich verirrt, ist es aus mit ihm.

Zeit meines Lebens benutze ich weder einen Kompaß noch sonst ein wissenschaftliches Instrument und werde es auch nie tun. Wenn ich nun schlicht behaupte: »Nein, ich habe mich noch nie verirrt!«, so soll das nicht heißen, daß ich nicht hin und wieder mal »ordentlich herumgewirbelt« worden bin, eine Zeitlang die Richtung verloren habe und recht schnell denken und überlegen mußte. Behauptet aber einer, er sei noch nie »herumgewirbelt« worden – wie wir Waldläufer diesen eigenartigen Zustand umschreiben –, dann ist der Betreffende entweder ein Aufschneider oder noch nicht allzuviel in den Wäldern herumgekommen.

Drei- oder viermal in meinem Leben leistete ich mir einige Nachlässigkeiten, die mich eine Stunde lang erheblich schwitzen ließen. Es ist furchtbar schwer, einen Wäldler zu finden, der zugibt, irgendwann einmal in dieser Lage geschwebt zu haben, doch jeder kann in ähnliche Not geraten. Sogar Indianer setzten schon den Fuß in den tödlichen Kreis und fanden nicht mehr heraus.

Das Wörtchen »verirrt« kann auf verschiedene Weise gedeutet werden. Die beste Erklärung, die ich je hörte, lieferte ein alter Waldläufer. Aus irgendeinem unerfindlichen Grunde wurde er einmal in der Wildnis draußen so irre, daß ihn zehn Männer eine Woche lang suchen mußten, bis sie ihn endlich fanden. Aber verirrt? Wer hat sich verirrt? Er auf keinen Fall, er nicht – er war nur »ein bißchen konfus geworden«. Acht Tage lang!

Und nun will ich von einem eigenen Erlebnis berichten:

Wie schon mein Name Wäscha-kwonnesin, »Graue Eule«, besagt, habe ich eine entschiedene Vorliebe für Nachtwanderungen und auch eine gewisse Begabung dafür. Nicht daß ich im Dunkeln besser sehe als andere Menschen. Keine Rede! Es ist viel einfacher: Kaum der zehnte Teil der Nächte ist wirklich kohlrabenschwarz, und wer gewohnt ist, in der Nacht draußen zu arbeiten, wird sie immer um einige Grade heller finden als ein anderer. Man kann ruhig große nächtliche Wanderungen sogar durch unbekannte Gebiete unternehmen, sofern man nur mit den Erfordernissen einer Reise durch die Wildnis vertraut ist, ein Paar scharfe Ohren hat und eine gewisse instinktive Wachsamkeit für alle Vorgänge ringsherum. Man muß den »Zug des Landes« fühlen und sorgen, daß das Bewußtsein der vollkommenen Einsamkeit nicht unter die Haut dringt.

Der Rest ist einfach. Ich bin durch dichte Wälder gewandert und habe nur in ganz wenigen Fällen Birkenrindenfackeln zu Hilfe genommen. In langen nächtlichen Kanufahrten befuhr ich die Gewässer unseres Landes und legte die Tragestrecken fast ebenso schnell zurück wie am Tag. Stromabwärts durch Schnellen führte mein Weg, stromaufwärts stakte ich das Boot, alles bei Nacht. Wohl half manchmal der von nassen Felsen und weißen Wellenkämmen zurückgeworfene Schimmer des gestirnten Himmels.

Ach, wie gewandt, wie großartig! meinst du, und diese Taten erscheinen dir vielleicht gar nicht alltäglich. Nun, sie sind nicht selten und werden von meinen Berufsgenossen häufig vollbracht. Das gehört zum Handwerk. Manchmal jedoch ist die Nacht zu hell, und die Verwirrung wird größer als bei der dicksten Finsternis. Diesem eigenartigen Umstand fiel ich einmal beinahe zum Opfer.

Ich wanderte damals mit einem Kameraden zusammen durch die Wildnis Nord-Quebecs. Es war in einer Winternacht. Mein Begleiter, der nie Soldat gewesen war, wollte ein paar Kriegserlebnisse hören. Ich stillte seinen Wunsch und kramte meine Erinnerungen aus, die sich – wie bei den meisten Frontkämpfern – mehr um Ungeziefer, Dreck und schlechte Verpflegung drehten als um Heldentaten. Ich schilderte die ausgestandenen Entbehrungen so lebhaft, daß wir beide einen rechtschaffenen Hunger verspürten.

Am Morgen hatte ich ganz in der Nähe unseres Lagers einen Hirsch erlegt, aber noch nicht eingebracht*. Ich beschloß, sofort hinauszugehen und einen saftigen Braten abzuschneiden. Der Kamerad sollte einstweilen Bannock (Indianerbrot) backen. Die Nacht war stockdunkel, und ich nahm eine Laterne mit, weil ich die Beute erst noch abhäuten mußte.

Zum erstenmal benutzte ich ein künstliches Licht. Auf dem Pfad hatte ich mit Laternen wohl schon öfter gearbeitet, aber hier gab es keinen Pfad mehr, denn der Schneesturm hatte meine Fußstapfen vom Morgen längst wieder zugeweht. Und nun geschah mir etwas, was jedem zustößt, der im Wald seinen Weg mit Hilfe eines künstlichen Lichts sucht: Ich fand mein Ziel, den erlegten Hirsch, nicht mehr.

Die Beute lag ungefähr dreihundert Meter vom Lager entfernt. Ich hatte die richtige Richtung eingeschlagen, das wußte ich bestimmt. Laternen haben aber die Eigenschaft, ihr Licht kreisförmig auszustrahlen. Ich war von einem grellen Ring umgeben, der die Dunkelheit noch

* Im Winter läßt man das erlegte Tier 24 Stunden oder noch länger in der Haut und häuft Schnee darauf, damit es nicht gefriert.

vertiefte, so daß alles außerhalb des Lichtkreises Liegende wie ein schwarzes, grundloses Loch erschien.

Nachdem ich eine ganze Weile herumgelaufen war, ohne auf meinen Hirsch zu stoßen, entdeckte ich eine meines Weges führende Schneeschuhspur. In dem tiefen, lockeren Weiß waren ihre Ränder etwas verwischt, so daß ich sie nicht näher bestimmen konnte. Soviel ich wußte, befanden sich nur mein Kamerad und ich im Lande, meine früheren Spuren waren zugeschneit, folglich stimmte etwas nicht, und der Fall mußte untersucht werden, gründlich, aber später. Zuerst kam der Hirsch. Den fand ich zwar nicht, dafür jedoch eine zweite Spur, die diesmal meine Fährte kreuzte.

Ich stand vor einem Rätsel, ging aber weiter und schämte mich ein bißchen. Eine kleine Schwenkung zur Seite - und siehe da, ich stand nicht vor einer, nein vor zwei Schneeschuhspuren! Beide führten sich kreuzend nach rechts zu einer dritten und kurz darauf zu einer vierten! Auf einmal befand ich mich in einem Irrgarten von Spuren und sah keinen Ausweg. Spuren, Spuren, überall Spuren! Sie belagerten mich. Alle führten nach rechts.

Wer zum Teufel waren diese Burschen, die so sinnlos herumrannten? Ihnen nach! Wieder kreuzten sie ihre Spur, wieder nach rechts, und wieder entwischten sie mir!

Nun blieb ich stehen und lauschte angestrengt, doch alles blieb still wie ein Grab, eingehüllt in das weiße, gedämpfte Schweigen, das der winterlichen Wildnis besonders nachts eigen ist.

Die Geschichte wurde unheimlich. Ich galoppierte weiter, hüpfte und sprang eilig dahin und stellte fest, daß die Burschen mich gehört haben mußten, da sie nun ebenfalls in langen Sprüngen und Sätzen flüchteten. Ihre Spuren verrieten es deutlich.

Ich hatte eine Wut wie noch nie in meinem Leben. Die Blendlaterne warf meinen langen, verzerrten Schatten auf die schneebeladenen Bäume, so daß er wie ein

Kobold grotesk neben mir herspazierte und meine Bewegungen mit phantastischer Treue nachahmte. Das Licht umgab mich wie eine Falle. Der wunderliche Gedanke, all das sei nur ein Traum, durchzuckte meinen Kopf, gewisse Vermutungen lenkten mich einen Augenblick lang ab, ich stolperte und fiel kopfüber über einen großen Schneeklumpen. Durch irgendwelche turnerische Verrenkungen rettete ich die Laterne und erblickte in ihrem Schein einen aus dem Schnee ragenden Tierlauf...

Endlich hatte ich meinen Hirsch gefunden. Ein prüfender Blick ringsumher belehrte mich, daß meine Feinde ebenfalls angekommen sein mußten. Es waren nur zwei: ich und mein Schatten.

Darum: kein künstliches Licht im nächtlichen Walde! Es wird immer in die Irre führen. Wohin du auch blickst, überall ist vorne, oben und unten. Die Wipfel, die guten Wegweiser, sind in schwarze Nacht getaucht. Von allen Seiten in den Lichtkreis gebannt, rennt der Wanderer immer rundherum und findet nicht mehr hinaus. So ist es mir ergangen, ich hatte meine Spuren vermehrt, indem ich mich sozusagen selbst verfolgte und einholte, bis die Kreise immer enger und enger wurden.

Ich schnitt ein ordentliches Stück Fleisch ab und »entwirrte« mich niedergeschlagen zum Lager zurück. Der Kamerad schlief bereits, und der Bannock war kalt. Rasch weckte ich den Freund, denn ich war fest entschlossen, diese Nacht nicht ohne Hirschbraten zu beschließen.

Ich nahm die Verfolgung auf

Seit einer ganzen Woche schon höre ich den Menschen kommen. Das regelmäßige Tock-tock seines Stabes, mit dem er die Tragfähigkeit des Eises prüfte, drang aus einer ungefähr zwei Kilometer weiten Entfernung herüber.

Dieses Eisprüfen mit dem Gehör ist im Frühwinter oft nötig. Der Stab wird im Dahingehen ganz leicht und natürlich geschwungen, ähnlich wie ein Tambourstock, so daß seine Spitze bei jedem vierten Schritt mit voller Wucht auf den Weg fällt.

In jenem Fall jedoch schien der Stock schon bei jedem dritten Schritt aufs Eis zu schlagen. Es waren die Schritte eines Mannes, der keine Eile hatte und unbeirrt einen Fuß vor den andern setzte. Tock-tock, gleichmäßig wie der Trommelschlag marschierender Infanterie.

Es war Spätherbst. Das Eis war schlecht, besonders auf jenem großen, seichten See mit seinem tückischen, giftige Gase ausströmenden Schlammgrund, der jeden Durchgebrochenen unbarmherzig in seinen gierigen Schlund zog. Dunkler Tannenwald umgab die Fläche wie eine schwarze Mauer. Kein Sonnenstrahl konnte diesen Wall durchdringen. Hinter dem Wald breitete sich fast undurchdringlicher Sumpf meilenweit ins Land aus.

Eine gottverlassene Gegend, die ich auf dem Weg zu meiner Fallenstrecke möglichst mied.

Plötzlich erinnerte ich mich der Pflichten als Gastgeber. Ich schürte das zusammengefallene Feuer, setzte frisches Teewasser auf und stellte aus den Resten des eben beendeten Mittagsmahles ein neues Essen zusammen. Also beschäftigt überlegte ich, welcher Umstand den Fremden in mein Revier verschlagen haben mochte, zu einer Zeit, in der die Herbstjagd in vollem Gange war.

Das kleine Nebenlager konnte vom See aus nicht eingesehen werden, aber der Rauch meines Feuers war gut sichtbar. Ich wußte, daß kein Wanderer eine solche Gelegenheit ungenutzt vorübergehen läßt. So ist es Sitte bei den Waldläufern.

Ich saß rauchend am Feuer und wartete begierig auf den Besucher. Irgend etwas in der Art seines Nahens verriet, daß ein Mensch, der so tief in meinen Bereich eingedrungen war, kein gewöhnlicher Trapper sein konnte. Merkwürdig, wie dieser Mann das Eis prüfte! Nicht nur kam der Aufschlag bei jedem dritten Schritt, nein, er war auch ungewöhnlich hart, als sei der Stab schwerer als die sonst gebräuchlichen. Und über allem dieser eigentümliche, gemessene Takt, wie das Ticken einer riesengroßen Uhr.

Dieses langsame Schreiten verriet zähe Beharrlichkeit, es schien von einem Manne zu stammen, der ausgezogen war, eine Mission zu erfüllen und sich durch nichts davon abbringen zu lassen. Unbeirrt marschierte er vorwärts zum Takt seines Stabes. Tock-tock-tock! Die Eintönigkeit dieses Aufschlags übte auf mich eine fast hypnotische Wirkung aus.

Der Fremde schien lange zu brauchen – nun ja –, er ließ sich eben Zeit. Trotzdem, wer so beharrlich ausschritt, hätte schon längst hier sein müssen.

Plötzlich merkte ich, daß das Geräusch von einer anderen Seite herübertönte und der Wanderer – wer es auch sein mochte – mein Lager trotz des Rauches und trotz des weithin sichtbaren Schlittens am Uferrand übersehen hatte und vorübergewandert war. Seltsames, unerhörtes Verhalten von einem Waldläufer und – wenn der Mann nicht blind oder feindlich gesinnt war – unerklärlich dazu.

Da wohl jeder Mensch mit einigem Charakter im Laufe seines Lebens sich einen Feind geschaffen hat, blieb der letzte Gedanke haften: War er ein Feind?

Ich ging auf die Eisfläche hinaus und hielt Umschau, aber der Fremde war schon außer Sicht; denn der See besaß sehr unregelmäßige Ufer mit vielen Buchten und Krümmungen. Immer noch hörte ich deutlich den gemessenen Aufschlag des Stabes, ein Geräusch, das nicht mehr bloß unheimlich, sondern geradezu verhängnisvoll, drohend geworden war.

Ich eilte bis zur Mitte des Sees, um bessere Sicht zu gewinnen, sah aber niemand und kehrte ins Lager zurück, löschte das Feuer, bewaffnete mich und nahm die Verfolgung auf.

Ich schlug den auf glattem Eis üblichen Hundetrab an und nützte das zerrissene Ufer als Deckung aus. Als Fährte diente mir das unaufhörliche Klopfen auf dem Eis.

Über eine Stunde oder noch länger folgte ich dem Eindringling. Da der Fremde vor mir das Eis bereits prüfte, konnte ich mir die Mühe sparen. Ich verlor keine Zeit, sondern beeilte mich nach Kräften. Aber so schnell ich auch war und so langsam der Mann vor mir davonzog – ich konnte und konnte ihn nicht einholen. Trotz seinem scheinbar gemächlichen Schritt schien die Entfernung zwischen uns beiden immer gleich zu bleiben.

Das Tock-tock kam nun von rechts. Ich folgte ihm und bemerkte, daß die Jagd mich in eine tief eingeschnittene Bucht geführt hatte, deren Ende sich gar nicht absehen ließ und die ich gar nicht kannte. Trotzdem – ihm nach, diesem verwirrenden Tock-tock, immer im Hundetrab –, und der Fremde zog gemessenen Schrittes vor mir her.

Fast schien es, als schleppte dieser Mensch ein riesiges Metronom mit sich. Oder war er gar kein Mensch? Fest entschlossen, dem Geheimnis auf die Spur zu kommen, trabte ich weiter, ohne Rücksicht darauf, wohin dieses eigentümliche Irrlicht eines Geräusches mich noch führen mochte.

Über weite Strecken des Sees lockte es, durch enge Felsschlünde, an gewundenen, waldumsäumten Wasserwegen entlang, immer über Eis und immer begleitet von dem eintönigen Tock-tock.

Auf einmal fand ich mich in einem Teil meines Jagdgrundes, den ich zuvor nie gesehen hatte. Meinen Augen bot sich ein verbranntes, von Stürmen verwüstetes Land und schwarzer, undurchdringlicher Sumpf. Wie dieses Gebiet mir all die vielen Jahre hindurch entgangen sein konnte, begriff ich nicht, und es ärgerte mich, daß ein Fremder mein Land besser kannte als ich, der Besitzer. Nicht nur das, die ganze Sache wurde immer unheimlicher, unnatürlicher. Das wilde, unwirtliche Aussehen der Landschaft mit ihren grotesk verkrümmten, übereinandergeworfenen Baumruinen, die schwarzen, öligen Sumpfflecken schienen das Unwirkliche dieses Abenteuers widerzuspiegeln.

Es war eine lange, ermüdende Verfolgung, ich konnte nicht mehr laufen und ging statt dessen. Seltsam, trotzdem behielt ich das Tock-tock im Ohr, auch die Entfernung blieb fast die gleiche. Es schien, als sei der Fremde meiner Müdigkeit gewahr und imstande, meine Geschwindigkeit mit der seinigen in Einklang zu bringen. Wie er das fertigbrachte, war mir ein Rätsel, jedenfalls kam ich ihm weder näher, noch entfernte er sich von mir.

Plötzlich schoß mir ein Gedanke durch den Kopf! Vielleicht wollte er mich gar nicht loswerden; vielleicht wünschte er, daß ich ihm blindlings folgte, wohin es ihm gefiel? Vielleicht hatte er mich mit teuflischem Geschick tief in das Land gelockt, das ich nicht kannte? Und weshalb?

Die Sonne war verschwunden, eine mondlose Nacht stieg herauf. Ich war allein in einer weg- und steglosen

Wildnis, allein mit einem Feind. Von einer immer stärker werdenden Unruhe ergriffen blieb ich stehen, machte ein Dutzend Pläne und verwarf sie wieder. In dem Augenblick, in dem ich stehen geblieben war, schwenkte das Tock-tock nach Osten und verkroch sich hinter einem schmalen Waldstreifen. Zu meiner unaussprechlichen Erleichterung schien es sich zu entfernen. Dies und die Tatsache, daß ich keinen Proviant bei mir hatte, ließen mich an die Umkehr denken. Ich wollte Vorräte holen und der rätselhaften Sache am Morgen endgültig zu Leibe gehen. Es lag Schnee in der Luft; gut so – im Schnee mußte der Geheimnisvolle Spuren zurücklassen.

Ich kauerte auf dem Eis nieder und versuchte, die gewundene Verfolgung in einer Kartenskizze festzuhalten, um den kürzesten Weg zu meinem Hauptpfad zu finden. Es war hoffnungslos; es blieb nichts anderes übrig, als den ganzen Weg genau so wieder zurückzulegen, und zwar zum größten Teil im Finstern.

Bald befand ich mich auf dem Rückmarsch zu der Stelle, wo ich Mittagsrast gehalten hatte. Von der einen Seite drang immer noch das teuflische Tock-tock herüber, ich konnte diesem nun hassenswerten Geräusch nicht entfliehen. Es schien sogar wieder näherzukommen!

Wieder hielt ich an und lauschte ...

Tatsächlich, es kam näher, überflügelte mich hinter dem schmalen Waldstreifen. Eine überraschende Wegbiegung – das Geräusch war unmittelbar vor mir! Es versperrte meinen Pfad!

Nun ließ es sich nicht mehr länger verhehlen – dieses Ding, was es auch sein mochte, verlegte mir absichtlich den Weg. In den Zorn über diese Unverschämtheit mischte sich eine nicht geringe Angst.

Näher kam es, dichter rückte es heran, immer dichter – und niemand zu sehen! Langsam zog es mir entgegen, tock-tock, unwiderstehlich wie der Schritt der Zeit. Tock-tock-tock, nicht mehr der Pendelschlag eines Metronoms, nein, das Hämmern einer teuflischen Maschine. Es pirschte sich heran, es klopfte die Sekunden, bis es mich umschlingen und erwürgen würde! Von einer furchtbaren Angst gepackt, wich ich zur Seite – es folgte wie ein Nachtmahr. Ich versuchte, es zu umgehen, aber das Ding kroch hinter mir her.

Ich rannte. Doch das Tock-tock hielt Schritt. Ich verlangsamte meinen Lauf. »Es« tat das gleiche. Ich drehte und wendete mich, schlug Haken wie ein Hase, versuchte alle Listen, die das Leben mich gelehrt hatte ... Vergeblich, der teuflische Begleiter ließ sich nicht abschütteln. Und nun lernte ich in aller Wirklichkeit die entsetzliche Angst eines von einer höllischen Ausgeburt Verfolgten kennen.

Jetzt war ich der Verfolgte. Ich wurde von einem Menschen oder einem Ding gehetzt, das sehen konnte, ohne selbst gesehen zu werden, und das alle meine Absichten im voraus kannte. Der Wald, in den ich hätte flüchten können, war nicht mehr vorhanden; er lag von einem Wirbelsturm niedergemäht auf der Erde und trug frische Brandspuren. Hinter mir, bald auf der einen, bald auf der anderen Seite, trieb das bösartige Tock-tock sein höllisches Spiel, hetzte mich vor sich her, als sei ich ein Stier, den ein geschickter Cowboy lenkte.

Ich taumelte weiter, denn nun fürchtete ich, dem zu begegnen, dem ich anfangs so hartnäckig gefolgt war. Halb bewußtlos vor Angst trachtete ich, Abstand zu halten, soweit die vereisten Wasserwege es gestatteten. Wohl besaß ich Waffen, doch was konnten sie nützen gegen einen Feind, der den Naturgesetzen so offensichtlich ins Gesicht lachte! Ich war schweißgebadet. Ich dachte an die Geschichten, die von tot aufgefundenen und unerklärlich verstümmelten Trappern berichten.

Alle die fürchterlichen, bisher ungläubig hingenommenen Erzählungen vom menschenfressenden Wendigo*, vom Loup Garou, dem Werwolf der Waldmythologie, fielen mir ein.

Die Angst vor einer Sache, die ich als übernatürlich erkannt hatte, lähmte jede Entschlußkraft. Ich gab jeglichen überlegten Rückzugsversuch auf, jede Hoffnung, diesem rätselhaften Ding zu entkommen. In meiner Verzweiflung versuchte ich nur noch, den Augenblick, da es mich packen und gefügig machen würde, so lange wie möglich hinauszuzögern.

Ich verlor die Richtung, wußte nur noch, daß ich immer tiefer und tiefer in eine barbarische Wildnis hineingehetzt wurde, in eine Wildnis, wie ich sie in meinem ganzen Leben noch nie gesehen hatte.

Trotzdem, die Angst vor der unbekannten Macht hinter meinem Rücken trieb mich immer weiter und weiter, wohin kümmerte mich gar nicht mehr, wenn es mich nur dem Zugriff dieser unfaßlichen Gefahr entzog. Ich war von dem Gedanken besessen, dem Verfolger entrinnen zu können, wenn es mir nur endlich gelänge, das Eis zu verlassen! Aber irgend etwas, irgendeine teuflische Macht, auf die ich keinen Einfluß hatte, schien auch das zu verhindern.

Und plötzlich sah ich zu meinem Entsetzen, daß die Eisfläche, über die ich bisher gerannt war, zu Ende ging! Steil ansteigende, unüberwindliche Felsklippen ragten rechts und links auf, rückten in dem Maß zusammen, in dem der Wasserweg sich verengte. Sie drohten mich zu erdrücken. Am Ende des Bachlaufes versperrte ein zerrissener, aus geborstenen Stämmen bestehender Wall den schmalen Durchlaß. Diese Mauer konnte kein Sterblicher überwinden. Nun wußte ich, daß alles zu Ende war, daß ich dem Ding, ob Mensch oder Tier oder Teufel, ins Gesicht sehen mußte.

---

* ein Riese

Meine Absicht war nun, das Ende jener schmalen Eisfläche zu erreichen, wo ich auf drei Seiten geschützt war: rechts und links von den Felsen mit dem Baumwall als Rückendeckung. Der Phantomlaut hatte mich beinahe eingeholt, dicht hinter mir ertönte das Tock-tock. Ich wagte nicht, mich umzusehen, sondern stolperte auf bleischweren Füßen vorwärts. Mit einer letzten verzweifelten Kraftanstrengung erreichte ich das Ziel, und plötzlich flackerte auch wieder ein Hoffnungsfünkchen auf: Im trüben Licht entdeckte ich einen schmalen Pfad, eine Bresche im wirren Astwerk, die erst kürzlich geschlagen worden sein mußte. Dort beschloß ich, Stand zu fassen. Der Pfad mußte zu einer menschlichen Niederlassung führen oder mindestens von dem Eis wegführen, so daß ich den Verfolger, dessen Element es zu sein schien, endlich loswerden konnte.

Ich beeilte mich. Die Erleichterung, die ich empfand, als ich den Fuß wieder auf gute Erde setzte, läßt sich nicht beschreiben.

Zu spät sah ich aber, daß parallel mit dem Pfad ein vereister Bachlauf lief. Ich hatte ihn nicht gleich entdeckt, weil die gestürzten Stämme ihn dem Blick entzogen, so daß er nur ab und zu sichtbar wurde. Meine fehlerhafte Strategie hatte dem Feind die Trümpfe in die Hand gespielt.

Während ich schweißgebadet, fast am Ende meiner Kräfte angelangt, bei jedem Schritt nach Luft ringend, den schmalen Pfad entlang taumelte, hämmerte das ewige Tock-tock-tock in meine wirbelnden Sinne. Neben dem Pfad, auf dem Eis des Bachlaufes, klopfte der unsichtbare Begleiter. Ich konnte weder nach rechts noch nach links ausweichen – immer war das Ding neben mir, als hätte ich den Tod zum Weggenossen.

Plötzlich fiel mein Blick auf eine Lichtung, in der ein paar Blockhütten zu sehen waren. Der Bach war jetzt ganz deutlich sichtbar. Am Ufer standen ein paar Männer um einen auf dem Boden liegenden Gegenstand herum. Ich trat mit einem Gefühl auf die Gruppe zu, als hätte ich mich am Rande eines Abgrunds im allerletzten Augenblick noch zusammenreißen können. Der Laut, vor dem ich floh, war nun ganz dicht neben mir, und ich beeilte mich, die Anwesenden auf meine Bedrängnis aufmerksam zu machen.

Überraschenderweise maßen sie mich mit kalten Blikken; meine Worte schienen ungehört zu verhallen. Keiner sagte ein Wort; ein feindseliges Schweigen, wie man unwillkommene Gäste zu grüßen pflegt, schlug mir entgegen.

Endlich sprach ein Mann und zeigte mit dem Finger auf mich: »Da ist er ja. Das ist der Bursche. Zeigt ihm einmal, was er angestellt hat.«

Die Männer traten zurück, und ich sah auf der Erde die Leiche eines jungen Mannes liegen. Sie war furchtbar zugerichtet.

»Wer hat das getan?« fragte ich zurück und wußte im gleichen Augenblick, daß sie mich mit der entsetzlichen Tat belasteten.

Meine Frage blieb unbeantwortet, aber aller Augen waren mir kalt und feindselig zugewandt. Rauhe Trapper- und Goldgräbergesichter starrten mir entgegen, Gesichter, die ich nie gesehen hatte. Die tödliche Ruhe, das ganze Benehmen dieser Männer verriet eine gefahrvolle, alle Möglichkeiten in sich schließende Lage.

Ich versuchte, den Verdacht zu zerstreuen, sagte, wer ich war, wo ich die letzten zwei Monate gelebt hatte, stolperte über meine Worte, verhedderte die Sätze und benahm mich wie ein Mensch, der plötzlich den Beweisen einer nicht von ihm begangenen Tat gegenübergestellt wird.

Mein zusammenhangloser, verworrener Protest blieb unbeachtet. Die Männer hörten gar nicht zu, sondern fuhren fort, mich mit einer steinernen Ruhe anzustarren.

In ihren Gesichtern stand ein harter, unabänderlicher Entschluß.

Der Mann, der mich zuerst beschuldigt hatte, ergriff wieder das Wort: »Die Sache muß noch vor Dunkelheit erledigt werden. Da kommt ja der Vater von dem Jungen. Er soll entscheiden.«

In diesem Augenblick kam das Tock-tock, das mich hierhergetrieben hatte, dicht bei meinem Ellbogen zum Stillstand. Ich sah mich um und erblickte den Verfolger zum erstenmal: einen uralten Mann. Er trug einen verblichenen Hirschlederanzug, in der Rechten hielt er einen schweren, eisenbeschlagenen Hartholzstab. Er war hager, fast fleischlos und sah seltsam wild aus, als sei er eben dem Grabe entstiegen oder ein Wesen aus einer anderen Welt. Schneeweiße Locken hingen bis auf die Schultern herab; ein Vollbart verbarg den größten Teil des Gesichts. Aus diesem bärtigen Antlitz starrten zwei brennende Augen so böse und haßerfüllt in die meinen, daß ich bis ins Mark hinein erschauerte. Denn ich wußte genau, wie seine Entscheidung ausfallen würde.

Ohne ein Wort zu sagen, trat er langsam auf mich zu, hob den Stab, der mich zu diesem Richtplatz gehetzt hatte, hoch empor, ein Instrument seiner gerechten, aber verkehrt angebrachten Rache.

Der erste Schlag gehörte dem Vater des Ermordeten als unabdingliches Recht, aber dann würde ich von den anderen buchstäblich in Stücke geschossen werden. Darüber war ich mir im klaren. Starr und steif vor Angst, gebannt von dem wahnsinnigen Blick des Alten, rang ich vergeblich nach Worten.

Endlich: »Wartet Männer! Wartet doch!« Ich schrie nicht mehr, ich kreischte: »Ich bin nicht der Mann!«

Aufgeregt suchte ich mit Fingern, die den Dienst versagten, in den Taschen nach irgendeinem Ausweis. Zwei Männer sprangen mich an, hielten mich fest, damit ich dem herabsausenden schweren Stab nicht ausweichen konnte. In höchster Not riß ich mich los ... vor meinen Augen blitzte ein grelles Licht auf – ich erwachte.

Der Besitzer der kleinen Grenzherberge stand an meinem Bett und schüttelte mich gewaltig mit der einen Hand, während die andere eine Lampe hochhielt. In diesem Augenblick hörte ich wieder das gemessene Tocktock: Es kam von der großen Küchenuhr, die über meinem Bett an der Wand hing.

Eine verborgene Stadt

Unter den Einflüssen der Zivilisation ist die Romantik, die ein Indianerdorf zu umgeben pflegt, zum größten Teil verschwunden. Beweis dafür sind die Dörfer in den Reservaten und leichter zugänglichen Teilen der Wildnis. Die Ausbeutung mancher Indianerstämme und die daraus entstehende Entwurzelung haben ihren Stolz untergraben. Verarmt und hoffnungslos besitzen diese Menschen nicht mehr den Ehrgeiz, alten Überlieferungen zu folgen und nach der Väter Art zu leben. Der Haushalt wird vernachlässigt und kümmerlich geführt. Sie versuchen sich anzupassen, die Lebensweise der weißen Siedler anzunehmen; da sie das jedoch ohne deren Hilfsmittel und vor allem ohne deren Erziehung unternehmen, bringen sie es zu einer kläglichen Nachahmung, die ihnen sogar den Ruf der Unsauberkeit eingetragen hat. Nur wer auf eine lange Erfahrung mit entsprechenden Lerngelegenheiten zurückblickt, kann sich mehr oder weniger erfolgreich in die Beschränkungen eines Holzhauses fugen. Einen deutlichen Beweis liefern die schlecht gepflegten und nicht immer sauberen Indianerniederlassungen an den Eisenbahnlinien. Doch auf dem engen Raum eines Wigwams oder Tipis führt der rote Mann einen reinlichen, geordneten Haushalt. Jede weiße, an ein Haus gewöhnte Familie würde sich in allerkürzester Zeit überhaupt nicht mehr auskennen. Der in Baracken lebende Indianer hat die Kunst des Freiluftlebens verlernt. Wer ihn und seine zwar primitiv geltende, aber aufs höchste spezialisierte Lebensweise kennenlernen will, eine Lebensweise, die sich aus einer jahrhundertealten Anpassung und Entwicklung herausgebildet hat, der muß weit über die begangenen Waldpfade hinausgehen.

Ein nach altem Stil lebender Indianerstamm teilt sich, sobald der Winter heranrückt, in kleine, bewegliche, halbständige Dörfer, deren Lage von den Wanderungen des Jagdwildes bestimmt wird. Diese Gruppen von Jägern bestehen in der Regel aus ein bis vier oder fünf Familien, je nach der Ergiebigkeit des Jagdgrundes. Die Lagerausrüstung und ihr Material sind denkbar leicht und scheinbar ganz unzulänglich für die Anforderungen eines Winters nördlich vom zweiundfünfzigsten Grad.

Man wählt eine geschützte Stelle, in deren Umgebung Holz, Fisch und Elch genügend vorhanden sind, und schlägt Zelte und Tipis auf. Zuerst werden Grundmauern errichtet, rechteckige für die Zelte, achteckige für die Tipis. Hierzu werden Stämme geschlagen und übereinandergefügt (meistens drei oder vier aufeinander); die Fugen werden mit Moos gedichtet, und später wird außerdem um die Behausung noch ein Schneewall aufgeworfen. Kleine Starkblechöfen - gewöhnlich ohne Bratröhre - wärmen das Haus. In den Wigwams dagegen brennt das offene Feuer; die Feuerstelle befindet sich nicht, wie bei den Prärieindianern, in der Mitte, sondern an der Seite.

Nach dem Aufstehen morgens werden Decken und alles, was man tagsüber nicht braucht, aus dem Weg geräumt und entweder in den Hintergrund des Zeltes geschafft oder in dem Winkel von Wand und Fußboden verstaut. Jeder Familienangehörige hat seinen bestimmten Platz und hinter seinem Rücken all sein Hab und Gut. Hausarbeiten und Mahlzeiten spielen sich auf dem mit einem dicken, oft erneuerten Teppich aus Tannenreisern bedeckten Fußboden ab.

Die Hausarbeiten sind unter diesen Umständen denkbar einfach und werden mit ganz wenigen Hilfsmitteln still, unauffällig und ohne Durcheinander erledigt. Abfälle, die beim Häuten, Gerben und allen mit einem Jägerdasein verknüpften Verrichtungen entstehen, werden außerhalb des Dorfes auf einen Abfallhaufen geworfen, auf dem sie gefrieren und bis zum Frühjahr unschädlich liegen.

Vor den Behausungen stehen Gerüste, auf denen man Fleisch, Fisch und andere Nahrungsmittel aufbewahrt, überhaupt alles, was den ewig hungrigen Huskies* nicht zwischen die Zähne geraten soll. Schmale, mit Schneereifen getretene Pfade, die nach jedem Sturm wieder freigelegt werden müssen, bilden die Verbindungswege zwischen den einzelnen Zelten, zu denen auch ein aus Reisern geflochtenes, schneeummauertes Hundehaus gehört. Im Tipi ist alles erstaunlich behaglich und bequem – solange der Ofen brennt. Im Wigwam wird das offene Feuer die ganze Nacht hindurch ohne besondere Mühe unterhalten, aber in den Tipis ist es eine andere Sache.

Im Sommer, wenn das Frühjahrstauschgeschäft beendet ist, ziehen einige dieser Dorfgemeinschaften in ausgesuchte, nahezu unbekannte und weit von den begangenen Straßen entfernte Gegenden. Weiße und sonstige Eindringlinge sind dort nicht gern gesehen. Manche Sommerlager werden von dem betreffenden Stamm seit undenklichen Zeiten aufgesucht. Die Zugangswege sind sorgfältig verborgen und oft läßt nichts, aber auch gar nichts auf das Vorhandensein eines solchen Dorfes schließen. Der Indianer nennt sie »Oden-na-ka-nine-hekaj« oder kurz »verborgene Städte«. Sie sind selten geworden, aber es gibt immerhin noch einige, wo längst vergessene und ausgerottet geglaubte Traditionen, Sitten und Gebräuche gepflegt werden.

---

* Eskimohunde

Ich hatte das Glück, in manchen dieser verborgenen Weiler ein nicht unwillkommener Gast zu sein. Einmal, ein einziges Mal gelang es mir, einer weißen Gesellschaft, die ich führte, Zutritt zu verschaffen.

Eines Nachts mußten wir an einem Platz übernachten, der kaum ein paar Kilometer von einem derartigen Indianerdorf entfernt lag. Die Lage des Weilers war nur uns Führern bekannt. Obgleich bis dahin kein Weißer über die Kanulandestelle hinausgekommen war, bat mich der Älteste der Gesellschaft, einen Versuch zu machen. Der Auftrag entzückte mich nicht besonders, wußte ich doch, wie schwer er auszuführen war. Keine exklusive Adelsgesellschaft kann sich unerwünschten Gästen gegenüber so ablehnend verhalten wie die Bewohner eines Indianerdorfes. »Großer Otter«, der Häuptling jenes Stammes, war seiner Verschlossenheit wegen geradezu berühmt. Ich kannte ihn ganz gut, hatte aber trotzdem noch nie eine Einladung erhalten, die mich berechtigte, gleich mit einer ganzen Gesellschaft anzurücken.

Zum Glück war ich in jenem Sommer an einer Portage auf eine schön gearbeitete Paddel gestoßen; das daran befestigte Stückchen Birkenrinde trug mein Namenszeichen, eine Eule. Ein großzügiges Geschenk von Großer Otter in einem Land, das seiner schäumenden Flüsse wegen bekannt ist. Für dieses Paddelblatt wollte ich mich bei dieser Gelegenheit bedanken.

Am nächsten Tag gab ich meiner Reisegesellschaft Verhaltensmaßregeln. Bis auf den Koch bestiegen alle die Boote, und auf ging es zum Dorf.

Nach einstündiger, durch recht unangenehme Stromschnellen führender Fahrt gelangten wir in eine schöne, weite Wasserfläche mit sandigen, von steilen Hügeln umsäumten Ufern. Wir überquerten das Wasser und fuhren der Sonne entgegen. Nach einer Weile fuhren wir in eine schmale Bucht, umrundeten einen hohen Landvorsprung – und plötzlich lag eine Landestelle vor uns.

Kanus lagen auf dem Wasser oder umgestülpt am Ufer. Von der Anlegestelle führte ein schmaler, leicht ansteigender Pfad zu einem kleinen, mit riesenhaften Fichten bestandenen Waldstück. Zwischen den gewaltigen Stämmen verstreut lagen die Tipis. Bläulicher Rauch hing in der Luft, und zwischen den einzelnen Zelten tauchten undeutliche Gestalten auf und verschwanden wieder.

Niemand kam uns entgegen. Drückende Stille. Wir machten einen Landeversuch. Ich stieß den Schrei der Eule aus, und gleich darauf brach ein unbeschreiblicher Lärm los. Ein Dutzend Köter, wolfähnliche, lungenkräftige Hunde, vollführten ein wahrhaft blutdürstiges Theater. Ein Mitglied der Reisegesellschaft fragte ängstlich, ob sie wohl schwimmen könnten.

Eine hohe, schlanke Gestalt rannte den Abhang herab und stürzte sich, einen Feuerbrand schwenkend, mitten unter die Meute. Widerwillig räumte die wilde Leibgarde das Feld und zog sich knurrend und zähnefletschend zurück.

Der Mann hob keine Hand zum Gruß. Es war ein wildes Bild: Am Ufer die hohen Baumsäulen, aus deren Schatten die Spitzkegel der Tipis zu uns herüberschimmerten. Und am Wasserrand stand der große Mann in strenger, abweisender Haltung.

Einer mußte etwas sagen, und so eröffnete ich die Verhandlungen: »Hau! Kai-kai, Gitschi Negik - Ich grüße dich, Großer Otter! Ich habe eine Paddel gefunden und möchte danken. Meine Freunde hier haben den Kleinen etwas mitgebracht.« Der letzte Satz hatte schon manches harte Häuptlingsherz erweicht.

Gitschi Negik aber machte gar keine freundliche Miene, seine Haltung verriet deutlich, welche Abneigung er unserem Besuch entgegenbrachte.

»Anoatsch! Anoatsch!« rief er. »Das hast du nicht gut gemacht. Wer sind diese Leute? Gitschi Megwon?« (Lange Messer = Amerikaner?)

Eine ungemütliche Lage, die nicht wenig Takt und Diplomatie erforderte; ich gab her, was ich geben konnte – und das war nicht viel. Ich erzählte, wie weit diese Menschen gereist seien, sprach von ihrem aufrichtigen Interesse, ihrem ernsthaften Wunsch, einen Freundschaftsbesuch zu machen, betonte den Mut und die Ausdauer, die sie während der langen, schwierigen Reise von der Eisenbahnlinie bis hierher bewiesen hätten. Ich weiß beim besten Willen nicht mehr, was ich damals vorbrachte. Jedenfalls unterzog mich Großer Otter einem geschickten Kreuzverhör, sprach ein Fotografierverbot aus und gab sich zufrieden. »Undusch, kibaan! – Gut, kommt ans Ufer, wir wollen zusammen sprechen!«

Ich warf einen vielsagenden Blick auf die Hunde im Hintergrund. »Es sind Frauen dabei, Großer Otter. Willst du die Hunde nicht anbinden lassen?« bohrte ich vorsichtig auf englisch.

Ein hörbarer Seufzer der Erleichterung stieg auf – er kam nicht nur von den Damen. Großer Otter wandte sich um, ein paar Worte, und sofort kam eine alte Frau mit einigen Kindern, sie traten furchtlos unter die Meute und trieben oder schleppten sie fort, was die Köter sich übrigens ganz ruhig gefallen ließen.

Endlich paddelten wir ans Ufer, wo der Häuptling uns empfing. Er schüttelte jedem die Hand, und sein Gesicht fältelte sich in ein seltsames, freundliches Lächeln; die schönen weißen Zähne bildeten einen merkwürdigen Gegensatz zu seinem sonstigen verwitterten Aussehen.

Dann führte er uns zum Lager. Die Hunde blieben zwar unsichtbar, dafür aber hörten wir sie heulen und knurren.

Dunkle Köpfe starrten aus den Zelteingängen. Kinder rannten davon und blieben in sicherer Entfernung stehen, um uns neugierig zu betrachten. Drei Männer waren auch noch da, beachteten uns aber nicht weiter. Nirgends eine Frau. Die Lage war so gespannt, daß meine Gefährten nur im Flüsterton zu sprechen wagten. Zwischen ihnen und den Bewohnern des Indianerdorfs lag ein Wall der Zurückhaltung, nichts Greifbares, aber man spürte es.

Großer Otter sagte etwas in einer weichen Sprache, und unmittelbar darauf schritt einer der drei Männer auf weichbeschuhten Füßen geräuschlos auf uns zu und gab jedem die Hand. Er war noch jung und hübsch und sehr verlegen. Andere Männer verschiedenen Alters traten wortlos herzu, alle mit dem gleichen ruhigen Blick und lautlosen Tritt und schüttelten uns die Hände.

Nun wagten sich auch die Frauen aus den Zelten und anderen Verstecken. Sie brachen zuerst den Bann des Schweigens und baten mich, die Frauen der Reisegesellschaft in ihrem Namen willkommen zu heißen. Eine dicke, alte, in ein buntes Umschlagtuch gehüllte Indianerin mit einem großen Schlachtermesser in der Linken sprach ein paar passende, aber nicht unfreundliche Worte und arbeitete an einer frischen Elchhaut weiter.

Sie und die anderen Squaws zogen sich zurück, wandten sich ihren Arbeiten wieder zu und nahmen keine weitere Notiz.

Und dann kamen die Kinder heran, mit scheu lächelnden Gesichtern, in denen glänzend schwarze Knopfaugen neugierig brannten. Kleine Jungen traten vor und schüttelten weiße Hände; nur die Mädchen mit den bunten Kopftüchern und weiten Faltenröcken blieben verschämt zurück und flüsterten: »Schaganasch, Gitschi Megwon - Weiße, Amerikaner.«

Einfache Geschenke wurden verteilt. Die Frauen blickten von der Arbeit auf und freuten sich sichtlich, und so schmolzen Mißtrauen und Abneigung dahin wie Schnee in der Sonne.

Doch die Wachsamkeit jenes Dorfes ließ nie nach. Das bewies das Vorhandensein der Hunde und ein mindestens dreißig Meter breiter, von Bäumen entblößter

Streif, der sich, am Dorfausgang beginnend, wie ein Gürtel um die Niederlassung legte, eine Mauer aus wirr durcheinanderwachsendem Unterholz, das kein lebendes Wesen ungehört durchbrechen konnte. Durch diese natürliche Befestigung führten strahlenförmig angelegte Pfade in die Umgegend. An ihrem Ausgangspunkt lag die Hundestadt. Die Tiere waren an lange, viel Bewegungsfreiheit gewährende Lederriemen gebunden und konnten so alle Zugangswege im Auge behalten. Großer Otter hatte sie bei unserer Ankunft dorthin schaffen lassen; nun glotzten sie uns aus haßbrennenden Augen entgegen.

Wir lebten im zwanzigsten Jahrhundert, aber diese Tatsache hatten wir innerhalb weniger Minuten vollständig vergessen. Zeit und die Einflüsse der Zivilisation fielen ab wie ein abgetragenes Gewand.

Ringsherum ein Wald, der schon alt war, als General Wolfe* Quebec erstürmte. Altersgraue Birkenrinden-Tipis mit rauchgeschwärzten Spitzen, neue, in hellem Gelb leuchtende Tipis lagen unter dem dunkelgrünen Dach des Forstes. Im Vordergrund erhob sich ein leichtes Gerüst, auf dem aufgeschlitzte Fische und in Streifen geschnittenes Elchfleisch hingen, und darunter glühte ein rauchendes Feuer. An den offenen Feuerstellen kochten die Frauen das Mahl, andere arbeiteten an halbgegerbten Fellen. Weiter draußen, dem Ufer zu, waren zwei Männer und eine Frau an einem halbfertigen Birkenrindenkanu beschäftigt. Rote, grüne und weiße, leuchtende Hudson-Bay-Decken hingen zum Lüften an langen Stangen und dazu der stechende Rauchgeruch, das leise Summen einer alten, alten Sprache. Ein Indianerdorf vom alten Schlag!

Meine Reisegenossen und ihre Sportkleidung waren ein schreiender Mißton. Sie paßten nicht in diese Umge-

* James Wolfe, britischer General, griff im Juni 1759 die Stadt Quebec an und fiel in dieser siegreichen Entscheidungsschlacht

bung. Trotz dem offiziellen Empfang, der uns zuteil geworden war, fühlten wir instinktiv eine Grenze, die unter keinen Umständen überschritten werden durfte. In der Zivilisation draußen mochten diese roten Menschen schwerfällig, verlegen, schäbig und nicht am Platze erscheinen, aber in der Wildnis waren sie vollkommen. Genügsam und geschickt behaupteten sie stolz ihre Rechte als wahre Bürger im Reich der Wildnis.

Ich mußte mir ins Gedächtnis zurückrufen, daß ich diese Menschen ja schon seit Jahren kannte. Großer Otter hatte mir schon oft von seiner Jagdbeute abgegeben. Und wer könnte sich vor dem weisen, humorvollen Pad-we-we-donk - »Da kommt er und ruft«, dem Geschichtenerzähler fürchten! Er hat Hexenschuß und malt sich rote und blaue Dreiecke in die Augenwinkel, weil das helfen soll. Er schüttelt die Schildkrötenrassel und springt im Herbst durch das dünne Eis in den kalten Fluß. Und der alte Sa-bik - »Gelber Fels«, der immer allein auf den Pfad geht, fast nie den Mund aufmacht und auch dann nur in Gleichnissen spricht. Dort drüben steht der gute Jimmy Zwanzig, den man nur im Hundetrab umherlaufen sieht, und vor jenem Tipi sitzt Mato Gense - »Kleines Kind«, ein Medizinmann nicht geringen Ranges; er sagt das Wetter vierzehn Tage voraus. Obgleich er seine Hymnen und Beschwörungen zum Klang der Wolfshaut-Trommel singt, ist er ein angenehmer Gesellschafter, ein alter Kavalier vom Scheitel bis zur Sohle. Pad-we-we-donk hat eine Tochter, ein schönes Mädchen mit rabenschwarzen, lose flatternden Haaren. Noch hat sie sich nicht herangetraut, sie starrt mit scheuen Augen zu uns herüber.

Großer Otter zeigte auf ein Tipi: »Geht hinein und ruht. Die Frauen haben Essen bereitet.«

Eine willkommene Nachricht. Wir traten ein und fanden ein ausgiebiges Mahl: Indianerbrot, Elch- und Fischbraten und kochend heißen Tee.

Das Zeltinnere war tadellos sauber, von den Pfählen hingen herbduftende Kräuterbündel und Wurzeln herab. Wir ließen uns auf dem weichen, frischgesammelten Reiserteppich nieder und tafelten. Zwei junge Indianerfrauen bedienten. Wir aßen mit Messer und Gabel von glänzend polierten Zinntellern und tranken Tee aus weißen Porzellantassen.

Den meisten der Gesellschaft war das etwas ganz Neues. Ein indianisches Mahl, auf dem Boden eines rauchgeschwärzten Tipis eingenommen, mitten in einem streng gehüteten Dorf – das war für einen meiner Schützlinge die Erfüllung eines langgehegten Jugendtraumes.

Die Damen wünschten, daß eine der Indianerfrauen etwas von sich erzählen möge. Nach langem Hin und Her fand sie sich bereit, und es ergab sich, daß diese junge Frau noch nie eine Stadt, geschweige denn eine Eisenbahn gesehen hatte und auch gar kein Verlangen danach trug. Daraus entspann sich eine Diskussion, die mich als Dolmetscher vor keine kleine Aufgabe stellte; denn was die eine fragte, ging meistens über den Horizont oder die Erfahrung der anderen, und so mußte ich die Unterhaltung durch manche Untiefen steuern und oft aus dem Stegreif reden, um allen Seiten gerecht zu werden.

Die Wärme und Abgeschlossenheit der Tipis hatte einige meiner Gefährten schläfrig gemacht. Die anderen traten ins Freie und setzten sich rauchend ans Feuer. Ein Junge kam von einem kleinen Jagdausflug zurück. Er war mit einem Bogen aus Zedernholz bewaffnet und trug drei Rebhühner am Gürtel. Geschickt rupfte er die Beute, nahm sie aus und hängte sie über das Räucherfeuer.

Der Tag ging zur Neige, und die Hitze nahm ab. Zwei Eichhörnchen rasten in tollem Jagespiel durch das Lager und keckernd einen Stamm hinauf. Ein Whiskey Jack flog geräuschlos hierhin und dorthin, ließ sich nieder, wo es ihm gefiel, und nicht eine Hand erhob sich, ihn zu verscheuchen.

Ruhe, Entspannung – ein unaussprechlicher Friede lag über dem Dorf. Kühl und feucht zog der Abend heran, hinter den Bäumen krochen schwere Schatten hervor. Der Tag nahm Abschied, auch wir mußten aufbrechen.

Die Schläfer wurden geweckt. Man sagte sich nicht Lebewohl, aber Großer Otter gab uns das Geleit. Wir bestiegen unsere Boote, ich hob die Hand in einer Geste des Abschieds, und Großer Otter sprach: »Ki sakitone na ki do mokoman – Legst du großen Wert auf dein Messer?« Ich besaß damals ein gutes, aber sonst ganz gewöhnliches Jagdmesser.

»O ja«, erwiderte ich, »ich mag es sehr und möchte es nicht missen. Aber«, fügte ich hinzu, »weil du mein Bruder bist, will ich es dir geben.« Und ich gab ihm Gürtel, Messer und Scheide.

Wir stießen ab, doch festgehalten von der wilden Schönheit jenes Erdenflecks unterbrachen wir den Paddelschlag. Die rote Sonnenscheibe lag schon halbverborgen hinter dem düsteren Wall der westlichen Wälder. Reihe um Reihe standen die Legionen der Tannen und verschmolzen mit den Bergschatten zu einem unermeßlichen Teppich.

Ein weißbrüstiges Taucherpärchen glitt geruhsam durch das Wasser. Seine Fläche schimmerte so glatt und unbewegt, daß es schien, als schwebten diese Vögel schwerelos in der Luft. Aus den Tipis stiegen dünne Rauchsaulen in den stillen Abendhimmel und legten sich wie ein leichter Baldachin über die indianische Stadt.

Bald zog der Mond fahl und zum Greifen nahe herauf, und von seiner runden, kühl leuchtenden Scheibe hob sich eine einzelne Tanne schwarz und einsam ab. Irgendwo klang ein klagender Eulenruf auf.

Schweigend verließen wir diesen heimlichen Ort, seine Geheimnisse, die Bräuche einer vergangenen Zeit und die Menschen, die unergründlich waren wie der Wald, dessen Schoß sie entstammten.

Als wir wieder am Eingang der Bucht waren, drang durch die Luft das gedehnte Heulen der Huskies. Sie grüßten den Mond. Und spät in jener Nacht wehte ein Laut zu uns herüber, ein beständiger, monotoner Laut: das rhythmische Pochen einer Indianertrommel.

Red Landreville

Red Landreville war bei Gott kein Kanumann und erst recht kein Waldläufer und trotzdem das wertvollste Mitglied einer Kanubrigade, die ich einst den Mississauga hinunterführte. Solche Fahrten dauern oft monatelang und stellen Ausdauer und Geduld der Besatzung auf die äußerste Probe. Tage gibt es, an denen alles verkehrt geht: Die Stechmücken benehmen sich wie toll; die Tragewege sind besonders lang und mühsam; Kanus werden leck, und das Essen brennt an. So reiht sich ein Zwischenfall an den anderen. Da kostet jedes freundliche Wort Überwindung, und die sonst so zufriedene, sorglose Lagerlaune weicht einem Zustand, der einem vor der Explosion stehenden Pulverfaß nicht unähnlich ist. Unsere Reise damals war so eine Reise. Red Landreville trat zum erstenmal in mein Leben.

Red besaß einen ungewöhnlich gut entwickelten Humor. Ich glaube, er erfand seine Witze an Ort und Stelle; er war eben ein Künstler. Sein Sinn fürs Komische ließ sich nicht unterkriegen; dabei lachte er fast nie. Mochte das Pech noch so hageldicht kommen – ihn focht nichts an.

Als Arbeitskraft taugte er nicht viel, aber sonst war er in Ordnung. Einmal stolperte er über eine Tragestrecke und fiel platt aufs Gesicht, die ganze schwere Buckellast auf ihn. Ich als sein Hintermann half ihm wieder auf die Beine und fragte nach seinem Befinden. Sein Gesicht war zerschrammt, und er spuckte gelassen Sand und Kiefernadeln aus, ehe er antwortete: »Hab mich nie besser gefühlt.«

In Bisco machte ich zum erstenmal seine Bekanntschaft. Er saß mit anderen Männern vor unserem Hauptquartier, einem Blockhaus, dem Ausgangspunkt für alle Reisen in die Wildnis. Ahnungsvoll stellte ich fest, daß verschiedene der Anwesenden, einschließlich Red Landreville, wohl mehr zur Zierde als zur Arbeit zu taugen schienen.

Red war keine Schönheit. Der brandrote Schopf über dem sommersprossigen Gesicht leuchtete ordentlich hervor. Beim Sprechen verzog sich sein Mund in hämische Falten, so daß ich schon annahm, er hetze die Männer auf. Ich trat deshalb zur Gruppe und hörte zu.

Eine höfliche Handbewegung Reds lud mich zum Sitzen ein: »Höre, Chef - die Kerle wollen's mir nicht glauben, und 's ist doch wahr, das von den Karnickeln. Du weißt doch: die Karnickel?«

Ich war kein Spaßverderber und erwiderte ins Blaue hinein: »Sicher ist's wahr - was denn?«

»Na, daß die Indianer Karnickel mit Pfeffer fangen, weißt du!«

Ich wußte es nicht, tat aber nicht dergleichen.

Red bat mich, diese eigenartige Fangweise zu erklären. Er mußte doch wissen, daß ich keine Ahnung hatte, worauf er hinauswollte!

Geistesgegenwärtig schützte ich Zeitmangel und Arbeitsüberfluß vor und sagte schnell: »Das kannst du doch grad so gut.«

Er konnte es, und ich vergaß Zeit und Arbeit.

Unter den Männern befand sich auch ein großer, athletisch gebauter Student. Dieser junge Mann bestand nur aus Fragen über die bevorstehende Reise. Er mag ein ganz guter Student gewesen sein, aber in unsere Mitte paßte er so wenig wie ich in einen Hörsaal. Und wie grün war er! Dafür konnte er nichts, und niemand hätte ihm seine Unerfahrenheit übelgenommen. Er beging jedoch einen schlimmen Fehler: Er protzte nämlich, er habe die

Arbeit gar nicht nötig und sei nur eingetreten, um seine Ferien in den Wäldern zu verbringen. Das Geld dafür nehme er eben so mit.

Dies nahmen ihm die Männer gewaltig übel. Erstens taugte seine Arbeit nichts, und zweitens nahm er einem anderen, der das Geld nötiger brauchen konnte, den Platz weg.

Dieser junge Herr - wir wollen ihn C. nennen - hatte immer eine Menge Fragen auf Lager. Andere lernten mit den Augen, aber er fragte. So wollte er wissen, wie man in den Wäldern zu frischem Fleisch kommt. Als er hörte, daß die Weißen den Sommer über nur Fische und Kaninchen töten dürften, erkundigte er sich, wie man der Kaninchen habhaft werde. Red war sofort bereit, ihn in das Geheimnis einzuweihen. Er bat die Anwesenden inständig um Stillschweigen, weil es ein indianisches Geheimnis sei und er gar keine Lust habe, die Rache der Roten auf sich zu ziehen.

»Ihr werdet gleich sehen, wie kinderleicht das ist«, begann Red. »Karnickel haben nämlich die Gewohnheit, sich nachts im Kreis zu versammeln - grad wie wir jetzt«, eine elegante Handbewegung in der Runde. »Tja, da sitzen sie also rum und trommeln mit den Hinterläufen auf die Erde. Stimmt's?« wandte er sich an mich. Es stimmte.

Nachdem er mich dergestalt zum Mitverschworenen gemacht hatte, kam er erst richtig in Fahrt: »Sie suchen immer denselben Platz auf. Klar, daß mit der Zeit das Gras sich abnützt. Na ja, man muß eben im Wald rumlaufen, bis man so einen Platz findet. Dann holt man Steine und legt sie in den Kreis, immer dorthin, wo man denkt, ein Karnickel werde sich hinsetzen. Das sieht man schon ungefähr. Manchmal trifft man's nicht, aber das macht gar nichts, alle will man ja doch nicht haben ... Tja, und dann streut man viel Pfeffer auf die Steine und haut ab. Wenn dann die Karnickel kommen und zu trommeln anfangen, nicken ihre Köpfe immer vorneüber – ist doch klar, nicht?« Wieder ein Zustimmung heischender Blick!

Nun war ich hoffnungslos verstrickt und bejahte eilfertig.

Ein dankendes Nicken, und die Geschichte ging weiter: »Na also, die Hinterläufe trommeln, die Köpfe nicken, und die Nasen stupfen auf die Pfeffersteine, die Karnickel niesen und niesen und niesen, bis sie sich die Schädel eingeschlagen haben. Am Morgen braucht man nur rumzulaufen und einzusammeln. Das ist alles.«

Ich fürchtete schon, dies auch noch bestätigen zu müssen; Red war jedoch zu sehr Künstler und hütete sich vor Übertreibungen. Mit der trockenen Bemerkung: »So ist's. Vier bis fünf Pfund Pfeffer langen einen Sommer über«, brachte er die haarsträubende Geschichte zu einem hübschen, runden Abschluß.

C., der kein Wort verloren hatte, wußte zwar nicht recht, was er davon halten sollte, denn die anderen saßen mit todernsten Mienen herum. Keiner glaubte, C. würde die Mär für bare Münze nehmen. Sie kannten Red Landreville und wußten, daß er eine dumme Frage entsprechend dumm beantwortet hatte, um den Jungen für seine Taktlosigkeit zu strafen.

Die Reise wurde angetreten. Der Student war trotz seiner körperlichen Stärke hilflos wie ein kleines Kind. Mancher Neuling lernt vom Zusehen und nimmt dabei das Wesentliche einer fremdartigen Lebensweise, einer ungewohnten Umgebung in sich auf und wird oft ein recht guter, nützlicher Kamerad. Zu dieser Sorte gehörte C. nicht. Dafür war sein Auftreten um so selbstsicherer.

Gleich am dritten Reisetag schulterte er sein Kanu und schleifte es mitten durch den Wald zum nächsten schiffbaren Wasser – ein dummes Kraftstückchen. Natürlich verlief er sich schon auf halbem Weg, setzte das Kanu ab und versuchte sich zurechtzufinden. Den See fand er, aber nun wußte er nicht mehr, wo er das Boot gelassen hatte. Wir suchten alle Mann hoch und vertrödelten dabei einen halben Tag, bis es endlich gefunden war.

Eines Nachts ließ er seine Vorräte ungeschützt draußen im Freien liegen, natürlich ging ein Wolkenbruch nieder. Der immer hilfsbereite Red half ihm, den Kram auseinanderzuklauben und fand – eine Fünfpfundbüchse Pfeffer!

Nie werde ich die abgrundtiefe Verachtung auf Reds Zügen vergessen, als er die unglückselige Büchse hochhob und die klassischen Worte sprach: »Du Stück Malheur – du bist ja so blöd! Karnickel willst du fangen, ausgerechnet du! In Pfeffer sollte man dich tunken, auf einen Baum hängen, mitten im Wald, damit ein Elch kommen und sein Hirn in deinen leeren Schädel niesen kann. Kriegst ja sonst doch nie eins rein!«

Man erzählt sich auch noch eine andere Geschichte von Red Landreville. Ich habe sie nicht miterlebt, sie paßt aber zu ihm. Später, als Red schon ein mehr oder weniger geschickter Helfer auf dem Pfad geworden war, begann er, das freie Leben des Berufs-Waldläufers zu lieben, entsprach es doch ganz seiner unbekümmerten Natur.

Die Schar, mit der er damals zog, stand unter dem Befehl eines sehr reizbaren Anführers, den ich etwas näher beschreiben muß. Können und namentlich Schnelligkeit gingen ihm über alles; jeder Aufschub, jeder Aufenthalt brachte ihn außer sich. Ja, er verbot sogar, Kerzen mitzunehmen! Wehe dem, der diese nützlichen Talgstangen mitnahm, verlockten sie doch nur zu endlosem Schwatz. Schlafen sollten die Männer, schlafen, damit sie morgens beizeiten aufstehen konnten! Das war seine Meinung.

Nun, eines Tages platzte ein Gepäckstück, und heraus purzelten auch etliche Kerzen. Mit einem wahren Tigersprung stürzte der Chef auf den Pechvogel zu: »Was, Kerzen, Kerzen! Wozu brauchst du Kerzen? Wozu?!«

Tiefes Schweigen, die beiden Männer äugten sich an.

»Ha, damit ich was sehe beim Aufstehen«, antwortete trocken der Übeltäter.

Es wirft ein bezeichnendes Licht auf den Feuerfresser und Geschwindigkeitsfanatiker, daß er die schlagfertige Antwort mit einem »Na ja!« zur Kenntnis nahm.

Ein andermal schlug ein mit zwei mittelmäßigen Männern besetztes Kanu um. Fast die ganze Ladung war dahin, und die Männer wurden nur mit Mühe gerettet. Der Chef, fast aus dem Häuschen vor Zorn, bellte vom Ufer aus Befehle. Als die Verunglückten wieder sicheren Boden unter den Füßen hatten, rannte er auf sie zu und brüllte: »Hölle und Teufel noch mal, warum habt ihr das getan?«

Red, der ein ziemlich gemächlicher Bursche war, hatte diese Art allmählich satt. Den Chef wollte er sich mal kaufen, ein »bißchen dämpfen« nannte er es. Die Gelegenheit dazu ergab sich bald. Einer von den »Hoffnungslosen« stolperte über ein Holzbrückchen und fiel samt seiner Last ins Wasser. Praktisch, wie solche Menschen nun mal sein wollen, hatte er das Gepäck allen Warnungen zum Trotz mit dem Tragriemen an sich festgebunden. Er fiel kopfüber ins Wasser und konnte seinen hundertpfündigen Mehlsack nicht mehr loswerden.

Vom ganzen Mann waren nur noch die Füße zu sehen. Selbstverständlich zog man ihn schleunigst heraus, aber Red wartete gar nicht so lange, sondern rannte schnurstracks über die Tragestrecke dem weit vorausgegangenen Chef nach, aus vollem Hals brüllend, ein Mann sei am Ertrinken.

Der Chef war gerade wieder einmal bei seinem Lieblingsthema: Leistungsfähigkeit und Geschwindigkeit. Sieben Uhr morgens schon und erst dreißig Kilometer geschafft! Was ist denn los mit euch, ihr dreimal vernagelten...

Mitten in dieses Donnerwetter platzte gesträubten Haares, Hut in der Hand, ein keuchender, japsender Red: »Hallo Chef! Der und der ist ins Wasser gefallen!«

»So - warum, wozu?«

»Weiß nicht, warum. Reingefallen ist er halt, mit dem Gepäck.«

»Kreuzteufel! Gepäck gerettet?«

»Nö, sind beide noch drin. Er wird wahrscheinlich ersaufen.«

»Da soll doch - ja, habt ihr ihn denn noch nicht raus! Wie tief liegt er denn?«

»Knöcheltief.«

»Ach, knöcheltief...! Und ersäuft, was? Ich werd' dir's schon beibiegen! Knöcheltief, wie?«

»Jawoll«, stimmte Red zu, »bis zu den Knöcheln. Du weißt noch nicht mal die Hälfte, Chef - mit'm Kopf nach unten nämlich.«

Schon immer wollte Red Landreville uns eine Geistergeschichte erzählen. Ein Huhn sollte eine Hauptrolle darin spielen. Er kam jedoch nie dazu, und ich glaube, diese Geschichte gab es gar nicht. Denn Geister und Hühner passen doch nicht so richtig zusammen. Statt dessen wartete er mit einem großartigen Bärenabenteuer auf.

Red erging sich einmal an den Ufern eines munteren Bächleins. Da begegnete ihm ein großer Bär. Der Bär rannte, und Red, der stets Bereitwillige, rannte zur Gesellschaft mit, in der gleichen Richtung, nur ein ganz klein bißchen voraus. Der Bär lief aus irgendeinem undurchsichtigen Grunde mit weit offenem Maul, so daß man seine Zähne zählen konnte. Mindestens fünfzig in jedem Kiefer, und die Löcher für noch mehr Zähne waren auch schon vorgebohrt. Das Tier gab recht ungeschlachte, geradezu ungemütliche Laute von sich (Red machte sie vor).

Zum Glück entdeckte Red einen Baum und steuerte darauf zu. Der Bach floß zu seiner Linken, der Bär lief zu seiner Rechten. Red, der nicht im Weg sein wollte, kletterte rasch auf den Baum (auch dies wurde dargestellt), setzte sich in eine Astgabel und blieb dort.

Der Bär setzte sich unter den Baum und blieb zunächst auch da. Bald darauf verschwand er aber, und Red machte sich freudvoll an den Abstieg. Da erschien der Bär wieder, und zwar mit einem zweiten, noch größeren und wahrscheinlich auch erfahreneren Genossen.

Red kletterte schnell wieder auf seine Astgabel zurück. Die beiden Zottelbrüder hockten sich erst mal nieder und starrten ins Geäst hinauf. Dann murmelten und brummten sie. Offenbar besprachen sie den schwierigen Fall. Red ahmte nun das Geräusch nach, das zwei Bären machen würden, wenn sie es machen würden, sah mich an: »Stimmt's?«

Leicht erschauernd sagte ich: »Stimmt.«

Red hatte es sich zur Gewohnheit gemacht, alle naturwissenschaftlichen Einzelheiten seiner Schauermären von mir bestätigen zu lassen und hat mich dadurch schon in eigentümliche Lagen gebracht.

Nachdem die Bären des längeren beratschlagt hatten, ging der erfahrenere fort und kehrte nach einer Weile mit einem Biber zurück (hier begann der Zuhörerkreis wohl die ersten Zweifel zu hegen). Der Erfahrenere zeigte dem Biber den Baum, aber der Biber wollte nicht begreifen. Da gaben die Bären ihm ein paar sanfte Ohrfeigen; darauf begriff der Biber. Was blieb ihm übrig? Die anderen waren größer und stärker. Unter ihrer Aufsicht begann er den Baum anzunagen, und zwar auf der dem Bach abgekehrten Seite.

Es war ein sehr alter, sehr dicker Baum. Als von dem Biber nur noch die äußerste Schwanzspitze zu sehen war (Red hatte sie gesehen), war er erst an der Mitte des Stammes angelangt. Er krebste heraus und machte sich an die andere, dem Bach zugewendete Seite. Weil es ein bißchen eng herging, hatten die dicken Bären Platz gemacht und sich etwas abseits aufgestellt. Der Biber blickte zu Red hinauf und blinzelte vielsagend.

»Nun wußte ich, meine Sache stand gut. Biber sind nämlich gar nicht dumm. Gar nicht. Der Bursche nagte also wie wild, und bald sah ich auch von der Seite nur noch seine Schwanzspitze. Mein Baum wackelte. Bleib sitzen, dachte ich, es ist das Beste. Und dann begriff ich, weshalb der Biber raufgezwinkert hatte: Der Baum stürzte nämlich grad quer über den Bach! Ich landete auf dem anderen Ufer drüben; der Biber sprang ins Wasser, und die Bären glotzten wie rechte Dummköpfe.

Nachdem der Beifall etwas verrauscht war, erwähnte Red noch ganz nebenbei ein vortreffliches Mittel, zudringliche Bären loszuwerden.

»Es ist gar nicht schwer. War mal in einer Gegend, wo's böse Bären gab, wirklich böse Kerle. Ich pflückte damals grad ein paar Beeren, da sah ich so einen Burschen daherkommen. Er war schon ziemlich dicht dabei, sah reichlich schlecht aufgelegt aus. Eine Waffe hatte ich nicht mit, da quetschte ich halt eine Handvoll Beeren aus und schmierte auf den Eimerboden außen schnell ein Gesicht, setzte mir das Ding auf den Kopf, so nach innen, daß dort auch ein Gesicht war. Und dann rannte ich wie der Teufel. Der Bär sah das Gesicht, dachte, ich liefe rückwärts, hielt mich für übergeschnappt, drehte auf dem Absatz um und sauste davon!«

Red Landreville! Solltest du dies einmal lesen, dann gedenke der Tage auf dem Mississauga. Mögest du überall, wo du auch bist, immer so humorvoll sein und Männer lachen machen, wenn alles schiefzugehen droht!

Der Weise vom Pelikansee

Die Herbstjagd ging zu Ende. Da ich nun in einem Naturschutzpark wohne, muß ich den winterlichen Fleischbedarf außerhalb des Schutzgebietes decken und rund dreißig Kilometer weit in die Wildnis dringen.

Damals, als ich den Weisen vom Pelikansee zum erstenmal traf, war ich noch unbekannt im Lande. Es war an einem kurzen, stürmischen und trüben Dezembertag, an dem es sich schlecht wandern ließ. Als die Dunkelheit hereinbrach, befand ich mich noch etliche Kilometer von meinem Ziel entfernt. Ich war todmüde und hatte noch keinen Lagerplatz gefunden. Mühsam stapfte ich durch einen zähen Schneebrei, der schwer an den Schneereifen klebte und festfror.

Zu meiner nicht geringen Erleichterung roch ich Rauch. Ganz, ganz schwach nur wehte ein leichter Wind ihn herüber. Ich wandte mich nach Westen durch ein völlig unberührtes Waldstück dem Geruch entgegen. In der Trübe des Winterabends ragten die Tannen schwarz und undurchsichtig wie ein Wall auf und ließen weder einen Feuerschein noch ein erleuchtetes Fenster sehen. Der Rauchgeruch war nicht stechend, sondern eigentümlich abgestanden, was auf ein herabgebranntes Feuer schließen ließ. Mein vermutlicher Gastgeber schlief also schon und würde mich wohl nicht allzu freudig willkommen heißen.

Der tiefe Schnee erstickte das Rasseln und Scheppern der vereisten Schneereifen, und überdies zog ich gegen den Wind. So blieb ich unbemerkt, bis ich einen festgetretenen, zu einer verborgenen Wohnstätte führenden Fußpfad betrat. Und schon stand ich inmitten einer aufjaulenden Hundemeute. Die Tiere schienen nach meinem Blut zu dürsten.

Ich schlüpfte zwischen dicht stehenden Bäumen durch auf ein kleines, erleuchtetes Viereck zu. Eine Tür stand offen, und eine Stimme forderte in der Krii-Sprache zum Eintritt auf.

Rasch schlüpfte ich aus den Schneereifen, ein Junge tauchte auf, packte die Reifen blitzschnell und warf sie auf das Hüttendach. Das war nett von ihm; den Hunden jedoch gefiel es weniger. Sie hätten nach Huskieart zu gerne die Rohhautbespannung aufgefressen.

Ich trat ein und stand in einem schwach erleuchteten Raum, dessen Fußboden hoch mit Tannenreisern bedeckt war. Die ganze Ausstattung bestand aus zwei Starkblechöfen.

Zwei Familien hausten in dieser Hütte. Vor dem einen Ofen kniete ein alter Mann und legte frisches Holz auf die Glut, setzte den Teekessel auf, erhob sich und bot die Hand zum Gruß. Dann half er mir das Gepäck ablegen, packte mein Gewehr, das ich in eine Ecke gelehnt hatte, und stellte es wortlos vor die Tür. Das fand ich etwas seltsam, war aber viel zu froh, einer Nacht unter freiem Himmel entgangen zu sein, um mich darum zu kümmern. Den Grund erfuhr ich ein paar Tage später.

Der Alte war barfuß. Er besaß den geraden Rücken und die flinken Bewegungen eines viel jüngeren Mannes, mußte aber schon sehr alt sein. Noch nie sah ich ein so verwittertes Gesicht. Tiefe Runzeln durchfurchten es, und aus dem faltenreichen Antlitz blickten zwei große, tief traurige Augen. Ihr ruhiger, steter Blick verriet Güte und Duldsamkeit. Den Mann hatte das Leben in harte Zucht genommen, ihm konnte man nichts mehr vormachen.

Er breitete eine Karibudecke aus und lud mich einfach und höflich zum Sitzen ein. Dann reichte er mir seinen

Tabakbeutel, der aber nicht Tabak, sondern getrocknetes und zerkrümeltes Kinnick-Kinnick* enthielt. Schweigend rauchten wir.

Die anderen Hüttenbewohner hatten mich scheinbar gar nicht weiter beachtet. Aber ich wußte, daß sie mich genau beobachteten; ich konnte die raschen, verstohlenen Blicke geradezu fühlen. Ein leises Flüstern - und gleich darauf schnitt eine junge Frau große Scheiben von einer Hirschkeule, die zum Auftauen auf einem Holzstoß gelegen hatte.

Ich erzählte von meiner Wanderung und tat dies in der Odschibwä-Sprache, weil der Alte mich so angeredet hatte, was mich etwas wunderte, denn es ist ein weiter Weg von Algoma oder Atibiti bis zu den Wassern des oberen Saskatchewan. Woher wußte er, daß ich Odschibwä sprach?

»Du trägst doch Odschibwä-Schneereifen«, erwiderte er, »warum soll ich dich dann in Sioux oder Prärie-Krii anreden?«

Er war unter Odschibwäs aufgewachsen und wußte auch, aus welcher Gegend ich kam; meine Aussprache hatte es ihm verraten.

»Ja, damals wußte man noch, woher einer kam und welchem Stamm er angehörte. An der Haartracht, an der Form des Kanus war's leicht zu erkennen. Ich jagte westlich vom Gitschi Gaming (Oberer See). Fünfundsechzig Jahre sind's her. Damals gab's noch keine Eisenbahn.«

Der Alte beherrschte die Odschibwä-Sprache besser als ich, sprach mehrere Mundarten durcheinander, so daß ich nicht immer folgen konnte. Ich verstand, daß er um 1868 herum fallenstellend und jagend von Minnesota zu den großen Ebenen gewandert war und unter Indianern gelebt hatte. Alle diese Dinge erzählte er so gelas-

---

* Eine Mischung aus Blättern des Sumach-Strauches und der Innenrinde der Roten Weide

sen, als seien sie erst kürzlich im Laufe des Alltags geschehen.

Hier bot sich eine seltene Gelegenheit, den ereignisreichsten Teil unserer Landesgeschichte aus dem Munde eines der wenigen Überlebenden jener Zeit zu erfahren. Es galt, möglichst wenig zu versäumen!

Ich fragte, ob er Englisch könne. Er sprach es sogar unerwartet gut und gestand schließlich, er sei ja ein Weißer, was nicht ohne weiteres ersichtlich war. Außerdem beherrschte er vier Indianersprachen, eine Anzahl Mundarten und Französisch, zog aber die Indianersprachen vor. Es war auffallend, daß er sich auf englisch nicht halb so fließend ausdrücken konnte wie zum Beispiel in Odschibwä.

Der Alte war keineswegs redselig; stockend, bruchstückweise erzählte er, mehr zur Erklärung als zur Unterhaltung. Ich enthielt mich aller zudringlichen Fragen, obgleich sie mir auf der Zunge brannten. Die Alten leben mehr in der Vergangenheit als in der Gegenwart und haben es nicht gern, wenn einer neugierig in ihre Gedanken dringt. So schwieg ich denn, wenn der alte Mann schwieg, und widmete mich dem Abendbrot, das eine der Frauen vor mir niedergesetzt hatte.

Als ich gegessen hatte, stopfte ich die Pfeife und rauchte still und stumm. Leicht schwebte der weiße, duftende Rauch des Indianertabaks durch den Raum auf den Ofen zu und quirlte zur Decke empor.

Ein schlafendes Kind wimmerte, und der Vater langte fast unbewußt zur Hängewiege hinauf und schaukelte sie leicht hin und her. Draußen heulten die Hunde, ich wurde schläfrig.

Mein Gastgeber reichte mir eine Decke von den zweien, die er besaß. Die Bettrolle, die ich bei mir trug, war etwas dünn geraten, ich hatte nämlich größeren Wert auf ihre Leichtigkeit als auf ihre wärmespendende Dicke gelegt. Die landesübliche Gastfreundschaft verlangt, daß du entweder deine Decke mit dem Gast teilst oder ihm dein Bett einräumst, damit jeder allein schlafe und Platz für seine müden Glieder finde.

Ich hatte Gesellschaft. Auf meiner Seite lagen drei erlegte, steif gefrorene Steppenwölfe. Diese seltsamen Schlafkameraden waren mir gegen Morgen hochwillkommen, denn es wurde abscheulich kalt, und ich war froh, meinen Rücken in ihre dicken Pelze schmiegen zu können.

Als der Tag graute, war der Alte schon auf den Beinen und fachte das Feuer an. Bald darauf erhoben sich auch die Frauen, buken Bannock und bereiteten Fleisch. Jede Familie frühstückte für sich. Der Alte füllte meinen Teller immer wieder auf und sorgte, daß meine Tasse nie leer wurde. An diesem Morgen machte ich von seiner Einladung Gebrauch, seine Hütte als Standquartier zu benutzen, und ging meiner Arbeit nach.

Den Abend verbrachten wir gemeinsam und unterhielten uns über alle dem Wäldler wichtigen Dinge: Wir sprachen vom Land, von den Pelzpreisen, vom Alkoholverbot, von allem möglichen, nur nicht von dem, was mich am meisten beschäftigte. Aber ich wagte nicht, die Zurückhaltung des Alten durch zudringliche Neugierde zu verletzen.

Erst am dritten Abend ergab sich endlich wieder eine Gelegenheit. Nachdem jeder vier Pfeifen geraucht und nicht ein Wort gesprochen hatte, zog der alte Mann unter dem Kopfende seines Bettes eine alte Zeitschriftennummer hervor und bat, ihm die Bilder zu erklären. Unter anderem enthielt das Heft einen phantasievoll bebilderten Aufsatz über Indianerbräuche, der auch den berühmten Sonnentanz behandelte. Geschickt ging ich der Versuchung aus dem Weg, indem ich erst den übrigen Inhalt erklärte, bis die Aufmerksamkeit des Alten nachzulassen begann. Nun war meine Stunde gekommen! Ob der Sonnentanz wohl richtig wiedergegeben sei!

»Keine Spur«, erwiderte der Alte entschieden. »Wieso auch? So ein Gerüst bauten sie doch gar nicht. Und wo sind die Dursttänzer?« Mein Alter wurde richtig wütend.

Vorsichtig erkundigte ich mich, worin die falsche Berichterstattung bestünde.

»Hast du den Sonnentanz gesehen?« fragte er zurück.

Ich hatte dem von der Regierung gestatteten zahmen Abklatsch dieses Kulttanzes einmal zugesehen, hielt aber wohlweislich den Mund.

»Das da«, sein Finger wies auf das Bild, »ist nicht richtig, noch lange nicht. Sie bauten nämlich kleine Pferche« - im Handumdrehen entstand aus Reisern und Stöcken ein kleines Muster - »für jeden Mann ein Gehege, zwölf manchmal, je nach der Zahl der Tänzer. Dann ging jeder in seinen Pferch, ganz nackt, mitten in die pralle Sonne, und sang und tanzte ununterbrochen, Tag und Nacht, ohne zu essen, zu schlafen oder zu trinken, bis es regnete. Kein anderes Wasser durfte sie weder von außen noch von innen berühren. Wachtposten sorgten, daß keiner betrog.«

»Und wenn einer es nicht mehr aushielt?«

»Der wurde mit Schimpf und Hohn zu den Frauen zurückgeschickt. - So machten die Schwarzfüße den Sonnentanz; bei ihnen hieß er ›Dursttanz‹.«

»Und der Regen, kam er immer?«

»Ja nun, sie tanzten eben so lange, bis er kam.«

Die Zaubermänner bestimmten den Zeitpunkt, an dem die Handlung stattfinden sollte, und erwiesen sich als recht gute Wetterpropheten. Manchmal verrechneten sie sich allerdings, und es kam vor, daß der eine oder andere Tänzer starb.

»Und wie stand es mit den Martern, denen sich manche freiwillig unterwarfen?«

»Damals waren die Männer aus anderem Stoff«, behauptete der Alte. »Wer keinen Mut hatte, meldete sich gar nicht erst. Sie kappten eine Pappel, entästeten sie bis auf einen etwa sechs Meter über dem Boden wachsenden Ast, schafften den Stamm ins Lager und stellten ihn auf. Vorher wurden an dem Ast frische Rohhautriemen befestigt und den Männern durch die Brustmuskeln gezogen. Und so tanzen sie. Die nassen Riemen trockneten und schrumpften ein, und zuletzt tanzten die Männer nur noch auf den Zehenspitzen, bis das Fleisch aufschlitzte.«

Andere ließen sich in die Rückenhaut Schlingen schneiden und Riemen durchziehen, an denen sie schwere Gegenstände, wie Büffelschädel, Hundekadaver, tanzend über die Erde zogen. Wieder andere schleppten auf die gleiche Art lebendige Hunde hinter sich her, die natürlich davonlaufen wollten und sich wehrten. Auch dies wurde fortgesetzt, bis die Haut nachgab.

Gesang und Trommelschlag der Zuschauer begleiteten die Vorführungen. Reiter umkreisten die Tänzer, ermutigten sie und machten die aufgeregten Hunde noch wilder.

»Große Prüfungen waren das«, sagte nachdenklich der Greis. »Damit wurde nur der echte Krieger fertig«, fügte er nach einer Pause hinzu. »Heute ist's verboten. Nicht schade drum, gab doch immer Streit.«

Ich fragte, ob er die alten Tage nicht wieder herbeisehne.

»Nein, ich nicht. Auf den Prärien wimmelte es von Kriegern. Allein konnte man überhaupt nicht reisen. Ganz ausgeschlossen. Niemand war sicher!«

Und dann folgten ein paar Beispiele für die unglaublichen Greuel, die verübt worden sind.

Der Alte zerteilte den rosigen Nebel der Zeit, zog den Schleier, den die Romantik über jene Tage des alten Westens gewoben hat, zurück und enthüllte die schauerliche Wirklichkeit. Er bevölkerte die schlecht erleuchtete Hütte mit flüchtigen Schatten, Schatten, die grimmig und gräßlich durch den Rauch schwebten. In dunklen Ecken lauerten nackte Dämonen oder schritten einen furchtbaren Totentanz...

Ein junges Mädchen brachte Tee. Wie mochten seine langen Zöpfe als Skalp aussehen? Vor vielen Jahren hatte ich voll jugendlicher Begierde den Taten gewisser Mörder gelauscht. Inzwischen ist es mir jedoch aufgegangen, daß jene Zeiten doch nicht ganz so bezaubernd gewesen waren.

Noch vieles erzählte der Alte vom Pelikansee, Dinge, die bestimmt nicht oft über seine Lippen gegangen sind. Die Schleusen der Erinnerung hatten sich geöffnet, weil er in mir einen Zuhörer gefunden hatte, den nicht nur bloße Neugierde bewegte, und weil er am Erzählen eine schwermütige Freude fand. Nichts putzte seine Erinnerungen auf. Ganz und gar unverbrämt stellte er Tatsachen und eine Unmenge Einzelheiten nebeneinander. Mit ein paar treffenden Worten umriß er eine Gestalt, so daß sie wirklich dastand. Obwohl er außer den phonetischen Zeichen der Indianerschrift* überhaupt nicht lesen konnte, stimmten seine Berichte mit allem, was ich gehört oder gelesen hatte, völlig überein. Der geschichtliche Wert der Vorgänge, deren Zeuge er einst war, ging ihm gar nicht auf. Sie bildeten seinen Alltag, geschahen damals, und heute geschehen sie eben nicht mehr.

Die Absicht, gelegentlich auch meine Erlebnisse und Erfahrungen auszukramen, gab ich auf. Sie konnten den Vergleich nicht aushalten.

An einem linden Tag, lange nach meinem ersten Besuch, fand ich den Alten unter einer mächtigen, neben der Hütte stehenden Rottanne. Seine Blicke hingen an den fernen Bergen über dem See drüben. »Siehst du, das ist mein Baum«, sagte er. »Meine Jungen wollten ihn umhauen. Er wird alt wie ich, und ich erlaubte es nicht.«

Doch das war viel später...

---

* Eine Art Kurzschrift, die, von Missionaren eingeführt, heute von allen Indianerstämmen benutzt wird

Zurück zu meinem ersten Besuch. Die beiden jüngeren Männer der Gemeinschaft erklärten mir das Gebiet, so daß ich ein Karibu und einen Hirsch erlegen konnte. Das genügte für meinen Bedarf, und ich beschloß, in mein Revier zurückzukehren. Mein alter Freund ließ mich jedoch nicht ziehen, und so blieb ich noch eine Nacht. Ich bereue es nicht; denn ich durfte einer Stimme lauschen, die der Tod bald für immer zum Verstummen bringen mußte.

Eingedenk meiner Pflicht als bevorzugter Gast, wagte ich endlich, auch mein Garn zu spinnen. Ich erzählte Volksmärchen der Apachen und Odschibwä, Sagen eines phantasievollen, abergläubischen Volkes, das auf diese Weise die Unbegreiflichkeiten seiner Umgebung zu erklären suchte. In meinen jüngeren, weniger skeptischen Jahren hatte ich auch daran geglaubt. Und solange ich sprach und erzählte, lauschten diese schweigsamen Menschen ernst und aufmerksam den Mären, unterbrachen sie weder mit Worten noch mit Gesten.

Angeregt trugen auch die übrigen zur Unterhaltung bei und erzählten Sagen und Märchen der Krii, Solto und Schwarzfüße, berichteten von Weisen und Dämonen, von Propheten und Narren, von rauschenden Wäldern und wogenden Prärien.

Spätere, weniger entbehrungsreiche Jahre haben mich der Ernährungsweise eines Fallenstellerdaseins entfremdet. Ich kann nicht mehr von reiner Fleischkost, Indianerbrot und Tee leben. Mein Gastgeber aber konnte es noch, er vertilgte nur Fleisch und kümmerte sich nicht um die weichlichen Leckerbissen der anderen. Ich werde den Verdacht nicht los, daß er sich als Last der jüngeren Generation betrachtete, von der ihn tatsächlich eine Welt trennte. Als sein persönlicher Gast konnte ich nicht gut etwas essen, was er sich versagte, und so kaute ich mit mutigem Gesicht und widerwilligem Magen auf dem langweiligen Karibufleisch herum und blieb oft hungrig.

Der Alte, der, nebenbei bemerkt, noch alle Zähne besaß, erklärte, er könne sich nur von Fleisch ernähren. »Wenn mich was beschäftigt, muß ich auf einem guten Knochen herumbeißen. Was besseres gibt's gar nicht!«

Anfang der siebziger Jahre des letzten Jahrhunderts lebte er im Gebiet der Sioux oder Dakota, wie sie sich nennen, die sich ausschließlich von Fleisch, besonders Bisonfleisch, nährten. Einige Kräuter und Beeren wurden für den Winter aufgehoben. In Minnesota gab es außerdem noch Eichelmehl und Wildreis, und später kam Kaffee hinzu, aber ohne Milch und Zucker.

Die Worte des Alten wurden immer wieder von langen Pausen unterbrochen, die er rauchend verbrachte, während die Frauen geräuschlos und unauffällig ihrer Hausarbeit nachgingen.

Die letzte, vierte Nacht war gekommen. Die Kinder schliefen in ihren Hängematten, und auf dem Fußboden lagen in Decken gewickelte Gestalten. Nur die Atemzüge der Schlummernden waren hörbar. Sinnend kauerte der Alte vor dem Feuer und erzählte die lange Nacht hindurch. Noch einmal erlebte er ganze Abschnitte seiner Pilgerfahrt. Entbehrungen und Hunger, Kampf und Fest hießen die Marksteine auf dem unendlichen Pfad, der sich irgendwo am fernen Horizont verlor. Er machte die alte Zeit wieder lebendig, als sei alles erst gestern gewesen. Im Schein der flackernden Talgfunzel wob er vor meinen Augen einen bunten Teppich. Ein Epos könnte es sein, hätte ich nur die Gewalt des Wortes, es niederzuschreiben.

Kurz vor der großen Indianerschlacht am Little Bighorn (1876) hatte mein Alter die amerikanischen Ebenen verlassen und die kanadische Grenze überschritten. Häuptling »Sitting Bull« (eigentlich »Sich aufrichtender Bulle«), den er noch gekannt hatte, soll in der Nähe von Fort Garry – heute Winnipeg – geboren worden sein. Als die

Sieger der Custerschlacht bei den »Zederhügeln« kanadischen Boden betraten, befand sich Louis Lavallé, so hieß der Alte vom Pelikansee, gerade in der Gegend. Als alter Bekannter bewegte er sich frei unter den roten Kriegern. Keiner zeigte Kriegsschmuck, sie waren ja in friedlicher Absicht nach Kanada gekommen. Adlerfederhauben und aller kriegerische Zierat waren sorgfältig aufgehoben. Die meisten Krieger trugen nur eine oder zwei Federn im Haar, und zwar nicht aufrecht stehend, sondern in schrägem Winkel nach hinten hängend. Nichts verriet die Kämpfer und Sieger der letzten großen Indianerschlacht; in Kanada war der Kriegspfad zu Ende. Allerdings hatten sie viele Streitäxte und sogenannte »Kriegsfalken« bei sich. Diese waren eiförmige, an schlanken, manchmal biegsamen Holzstielen befestigte Steine. Man trug diese Keule in der Ellenbogenbeuge. Die älteren Männer schmauchten lange Pfeifen. Alle besaßen bunte Wolldekken, in die sie sich hüllten.

Louis Lavallé wurde freundlich begrüßt. Sie freuten sich über den Sieg. Der Übertritt auf kanadisches Gebiet erfolgte der Frauen und Kinder wegen, die sie nicht der Grausamkeit der weißen Soldaten aussetzen wollten, aber sonst schienen sie die Blauröcke nicht zu fürchten. Ihr Schlachtbericht stach von dem der anderen Seite erheblich ab.

Skalpe hatte Louis nicht gesehen; die Indianer schämten sich ihrer, weil die Haare darauf so kurz waren. Unter der Streitmacht der Rothäute befanden sich auch mehrere Weiße, die am Kampf teilgenommen hatten. Louis schätzte sie nicht höher ein als die abtrünnigen Indianer, die sich gegen ihre roten Brüder stellten. Dieser Auffassung stimmte ich durchaus bei, denn niemand erscheint mir verächtlicher als die Indianer, die in der Geschichte der Weißen als deren edle Freunde und Helfer verherrlicht werden. Sie waren Verräter, Opportunisten, die ihr Fähnchen nach dem Wind hängten.

Lavallé erzählte auch vom großen Nordwest-Aufstand der Indianer. Er befand sich damals im Prinz-Albert-Nationalpark. Man forderte ihn zum Eintritt als Regierungs-Scout auf. Er weigerte sich, gegen seine Adoptivbrüder zu kämpfen. Ebenso weigerte er sich aber auch, gegen die Weißen zu streiten. Er pflegte den Schießübungen zuzusehen, die man damals mit den Revolverkanonen anstellte. Die Munition wurde durch eine Art Trichter in die Kanone geleert, während ein Schütze eine Handkurbel drehte und die Munition sozusagen zum Lauf hinausleierte.

Während die Indianer Trapper, Regierungskundschafter und andere irreguläre Kämpfer der Gegenseite fürchteten, nahmen sie das Militär nicht besonders ernst. Wenn sie entsprechend bewaffnet waren, konnten sie sich den Soldaten und Polizisten gegenüber sehr wohl behaupten.

Lavallé erinnerte sich eines Halbbluts, der sich rühmte, in der Schlacht von Batoche einunddreißig Soldaten getötet zu haben. Diese Schlacht war eine große Niederlage für die Weißen, und nur die hereinbrechende Nacht schützte die Soldaten vor völliger Vernichtung. Unerfahren in den Künsten des Präriekrieges, verstanden sie nicht, die Deckungen auszunützen und schossen in der Verwirrung öfters auf die eigenen Leute; ein Vorgang, der sich in den Indianerkriegen, im Burenkrieg und überhaupt in allen Kämpfen wiederholte, bei denen systematisch ausgebildete Soldaten erfahrenen Guerillastreitern gegenüberstanden.

Der alte Lavallé streifte das eine Hosenbein hinauf und zeigte auf die häßliche Narbe einer tiefen Pfeilwunde. Sie stammte von einem mit großen Widerhaken versehen gewesenen Kriegspfeil, den man in der Hitze des Kampfes mit dem Messer ausgeschnitten hatte. Seine Leute waren mit räuberischen Pahnis zusammengestoßen. Lavallé, noch zu klein, um am Kampf teilzunehmen, hockte mit anderen Kindern unter einem Planwagen und spielte mit gegossenen Bleikugeln.

Die einzelnen Stämme unterschieden sich nicht nur durch Haartracht, Muster des Zierats und der Stickereien auf den Mokassins, sondern zeigten sowohl charakterliche als auch körperliche Verschiedenheiten. Zu den kriegerischsten Stämmen zählten die Stoney, die Pahni und die Schwarzfüße. Sie beherrschten auch am besten die indianischen Künste. Waldkrii, Solto und Odschibwä waren am friedlichsten gesinnt.

Unter den weißen Pfadpfindern und Führern gab es genug, die grausamer waren als die Roten und ihren Blutdurst an friedlichen Indianern stillten. Kein Wunder, wenn diese sich zu rächen versuchten und nicht zur Ruhe kamen. Daß man jedoch selbst damals Zwischenfällen aus dem Wege gehen konnte, bewiesen Hunderte von Männern, die während der ganzen Unruhezeit nicht einen einzigen Schuß abfeuerten.

Lavallés Gewohnheiten spiegeln nur selten den Einfluß jener rohen, gewalttätigen Zeiten wider. Für ihn sind sie vorbei. Nur wenn er daran erinnert wird, tauchen sie aus den Tiefen der Vergangenheit auf. Allerdings, eine Gewohnheit wies doch darauf hin: Er duldete kein fremdes Gewehr im Hause.

Oft frage ich mich: Was denkt dieser Mann von der neuen Zeit, was hält er von Flugzeugen und Rundfunk? Hat er sie überhaupt schon einmal gesehen und gehört? Verachtet er die Touristengruppen, die sorglos lärmend die Ufer seines stillen Pelikansees bevölkern, an dem er seit vierzig Jahren haust, oder sind sie ihm gleichgültig? Was denkt er von mir, dem Abkömmling einer kriegerischen Rasse, der ich heute ein bequemes Leben führe, das ihm unverdient erscheinen muß, während er als einsamer Zeuge einer niemals wiederkehrenden Zeit an Fleisch, Tee, ein paar getrockneten Kräutern und einer

Decke die Erfüllung aller seiner irdischen Wünsche findet?

Ich werde es nie erfahren. Dieser höfliche, milde, weise Mann behält sein Geheimnis für sich. Er sitzt unter seiner alten Tanne, raucht, sinnt und nickt ein. Wovon mag er träumen? Geduldig erwartet er den Tod, er kann nicht mehr fern sein, schon steht er an den Pforten der letzten Grenze.

Wölfe!

Vierzig Kilometer vom Standlager entfernt, einhundertsechzig Kilometer nördlich der Eisenbahnlinie, ein leerer Magen und drohende Nacht – nicht zu ändern! Ich mußte Lager machen.

Es war ein gutes Luchsrevier. Die Spuren lagen so dicht nebeneinander wie Haare auf einem Hundeschwanz. Stellt man in einem so ergiebigen Gebiet seine Fallen auf, mag man die Arbeit nicht mitten drin aufgeben, und die Zeit flieht wie nichts dahin.

Ich trug Tannenreiser zusammen und schichtete sie hoch über den Lagerplatz. Dann trieb ich ein halbes Dutzend Pfähle halbkreisförmig in die Erde, spannte Zeltleinwand darüber – damit sie die Wärme des Feuers auffange und zurückstrahle –, und das Lager war fertig. Richtig, Holz brauchte ich ja auch noch, viel Holz.

Ein langer Tag lag hinter mir, und der Hunger peinigte mich so sehr, daß ich einen Karibuschlegel mit Haut und Haar und Huf hätte verschlingen können. Aber auf dem Fallenstellerpfad kommt Holz vor dem Essen. Nördlich über dem 51. Grad ist's verdammt kalt.

Ich schnallte den alten Leibriemen etwas enger und schwang zwei Stunden lang die Axt. Als ich einen Holzhaufen beieinander hatte, über den zwei kleine Männer sich nicht hätten die Hände schütteln können, hörte ich auf und machte Feuer.

In solchen Zeiten spürt man, wie sehr das Land an unserer Kraft zehrt. Ich war hundemüde, und es war mir an sich völlig gleichgültig, ob ich etwas aß oder nicht.

Aber der Selbsterhaltungstrieb erwies sich stärker, und so verzehrte ich zwei Pfund Elchfleisch, ein halbes Indianerbrot, begoß das Ganze mit einem halben Liter Tee und zündete dann die Pfeife an.

Nun sah die Welt anders aus! Die Pfeife zog gut. Satt und zufrieden blickte ich dem Rauch nach, der in dicken Wolken emporschwebte, sich zerteilte und wie ein Schleier über meinem Kopf hing. Ich lauschte dem freundlich knisternden Feuer und war glücklich, obwohl ich ganz allein im unendlichen weißen Schweigen vor meinem Feuer saß.

Hohe, düstere Tannen umgaben den Lagerplatz. An ihrem Fuß tanzten und hüpften die Schatten der Flammenzungen. Hinter den ernsten Bäumen aber herrschte die Finsternis mit allen Kobolden und Puckwajis des Indianerglaubens. Ab und zu hoppelte ein Karnickel in den Lichtkreis, glotzte verwundert und verschwand lautlos wie ein Pfeifenwölkchen. Unter den Sternen stand die Welt still, lauschte, wartete auf etwas, das nie geschieht. Das mag seltsam klingen, doch so wirkt unser Nordland auf die Seele. Ständest du allein am Rande der Welt, unendliche, in glitzerndes Schweigen gebettete Weiten ringsumher und über dir – du würdest verstehen, was ich meine.

Das Feuer schwieg. Ich war eingenickt. Plötzlich fuhr ich, durch und durch gefroren, aus dem Schlaf. Das Holz war herabgebrannt, und über den kahlen Hügeln verklang ein Echo.

Ich lauschte in die Stille und nickte wieder ein. Da – wieder der Ruf, langgezogen, fern und traurig wie der Aufschrei eines Verdammten. Noch schwebte der Nachhall durch die Weite, und schon kam vom See herüber Antwort.

Wölfe!

Ich legte neues Holz auf, rauchte eine zweite Pfeife und wickelte mich in die Decke.

Wölfe waren in dieser Gegend nichts Besonderes, ich hoffte nur, daß ihr Geheul mich schlafen ließ.

Kaum hatte ich die Augen geschlossen, als der Wolf auf dem See zum drittenmal aufheulte und mir den letzten Schlaf raubte. So ging es noch ein paarmal; ich wurde wütend.

Rasch warf ich die Decke ab, zog einige Kleidungsstücke aus (wer bei vierzig Grad unter Null schläft, zieht sich nicht wie andere Menschen aus, sondern an), schlüpfte in die Schneereifen und lief zornschnaubend zum See hinunter.

Flimmernd und flackernd wogte das Nordlicht am Himmel, so nahe, so niedrig, daß man meinte, es berühren zu können, und erleuchtete die Nacht. Ich hätte in seinem Schein die Zeitung lesen können.

Auf einmal war ich nicht mehr so sehr auf Wolfsjagd erpicht, wie ich zuerst angenommen hatte. Alles schien so seltsam und gespenstisch, und die großen, verschneiten Bäume am Seeufer starrten mich grimmig an, gleichsam als hätte ich mich eingedrängt, wo ich nicht erwünscht war. Und kalt war's!

Ich hatte nur eine Schrotflinte mitgenommen, eine Dummheit sondergleichen. Trotzdem, ich strebte dem See zu und sah den Wolf. Er befand sich außer Schußweite und heulte. Ich kroch auf eine Stelle zu, von der aus der See sich überblicken ließ; er schien von Wölfen zu wimmeln. Neun Stück zählte ich in nächster Nähe! Es war ein kleiner See, und die Wölfe waren groß, sehr groß, vielleicht die größten Nordamerikas.

Einer stelzte steifbeinig vor den andern herum und führte seine Künste vor. Später nannte ich den See »Tanzender Wolf«, aber das war viel später. Damals sah die Sache eher nach Kriegstanz aus, so daß ich nicht lange nach Namen suchte. Einer nach dem andern reckte die Schnauze hoch und begann zu heulen. Zum erstenmal erfuhr ich, was Lärm heißt! Der Krach überstieg alles, was ich bis dahin gehört hatte. Das Blut konnte einem in den Adern gerinnen!

Der nächste Wolf stand kaum hundert Meter von meinem Versteck entfernt, und ich hatte nur eine Schrotflinte bei mir! So beschloß ich, zum Lager zurückzukehren, solange dies noch unauffällig vonstatten gehen konnte. Ich versuchte erst gar nicht, die Tiere zu verscheuchen.

Der Vortänzer schien ein wenig abgelenkt worden zu sein, ich fürchtete, er könnte mich jeden Augenblick entdecken und seine Vorstellung abbrechen. Das wollte ich auf keinen Fall und zog mich samt der Schrotflinte, die einem Blasrohr immer ähnlicher wurde, unauffällig zurück.

Den nächsten Tag brachte ich mit dem Aufstellen von Fallen zu und kehrte erst spät am Abend zu meinem Sahaagan* zurück. Der Heimweg führte über einen eineinhalb Kilometer langen, schmalen Sumpfstreifen, der mit Wolfsfährten geradezu übersät war. Und weit und breit kein Baum, der höher als zwei Meter gewesen wäre!

Kaum war ich an meinem See angelangt, da brach das Kriegsgeschrei von allen Seiten her los. Kein Wolf zu sehen! Es war allerdings auch schon finster.

Nun, ich stapfte immer einen Schneereifen vor den anderen setzend weiter. Meine Ohren ragten mindestens fünfzehn Zentimeter in die Luft, scharf horchend, ob die Wölfe auch in der Nähe waren.

Im Hauptlager angelangt, wo die Bäume beruhigend hoch aufragten, wurde es mir bedeutend leichter ums Herz. Vielleicht erwiesen sie sich noch nützlich, diese alten, hohen Bäume.

Wir verbrachten eine herrliche Nacht, ich und mein Gewehr; die Wölfe machten derweilen großen Kriegszauber.

Am nächsten Tag wanderte ich fort.

---

* Windschirm

Eine Woche darauf überschritt ich einen schmalen, langgestreckten See, und zwar an einer Stelle, wo zwei einmündende kleine Flüsse zusammenstießen und eine Strömung bildeten, die erst im Spätwinter zufror. Selbst dann blieb das Eis immer dünn und brüchig.

Es muß ungefähr zehn Uhr nachts gewesen sein; der Mond war schon untergegangen. Ich trat aus dem nächtlichen Wald heraus ins Halbdunkel und gewahrte eine Anzahl kommender und gehender Tiere. Sie strichen um einen kaum fünfzig Meter von meinem Standpunkt entfernten Felsvorsprung. Nun wußte ich, daß ein benachbarter Fallensteller zu diesem Zeitpunkt durch mein Jagdrevier wandern wollte. Ich schrie ihm zu, seine Hunde anzuhalten, das Eis sei schlecht!

Keine Antwort.

Noch einmal warnte ich, wieder keine Antwort.

Das war merkwürdig. Ich ging den Hunden entgegen.

Da - einer kläffte heiser, noch einmal und noch einmal, fast wie ein Hund und doch anders, wilder, schriller: Die Hunde entpuppten sich als Wölfe! Jetzt stach mir auch der scharfe, moschusartige Geruch der gereizten Tiere in die Nase.

Diesmal meinten sie es ernst! Die Wölfe drängten mir entgegen, verteilten sich, schnappten knurrend, wie Hunde bei der Hatz, in die Luft.

Ich stand gerade auf der brüchigen Stelle, schon knisterte das Eis unter dem erhöhten Gewicht, und ich sah meine Stunde schon gekommen.

Diesmal hatte ich die richtige Kugelspritze mit und überlegte nicht lange. Schüsse peitschten. Das Licht war schlecht. Ich bin zwar ein guter Schütze, trotzdem sah ich nur zwei Lobos unter dem Feuer zusammenbrechen. Die anderen drängten schnarrend zurück und heulten auf, gingen aber gleich zu einem Angriff über, schwärmten in Schützenlinie aus und rückten langsam, aber sicher immer näher.

Ich sehnte mich nach der warmen Blockhütte des Standlagers zurück. Sie lag nur eineinhalb Kilometer dort hinter der Tragestrecke. Eineinhalb Kilometer können manchmal verdammt lang sein!

Wieder griff der Feind an. Da lernte ich zum erstenmal kennen, was Wölfe wirklich sind. Noch wagten sie sich nicht allzu nahe heran, etwas hinderte sie, ein unsichtbarer Ring, der mich umgab. Dieses Etwas war die Furcht vor dem Menschen.

Die Munition ging zu Ende, ich mußte sparen und schoß nur noch, wenn ich des Zieles sicher war.

Jedesmal, wenn einer stürzte, zogen die andern sich ins Dunkel zurück und heulten nach Verstärkung, die jede Minute eintreffen konnte.

Ich beschloß, weiteres Blutvergießen zu vermeiden und nach Hause zu gehen. So würdevoll, wie es einem auf Schneereifen rückwärts schreitenden Mann nur möglich ist, räumte ich das Schlachtfeld.

Auf dem ganzen Weg bildete ich mir ein, die Wölfe hinter mir herlaufen zu hören. Da ich jedoch zu stolz und zu eigensinnig war, um mal einen Blick nach hinten zu werfen, fühlte ich sie immer näher kommen. Glaub mir, das waren lange anderthalb Kilometer, und noch nie ist mir das Lager so schön und sicher erschienen wie in jener Nacht.

Ich mag gar nicht erzählen, wie wenige Wölfe ich damals niedergeschossen und wieviel Munition ich verknallt habe. Aber die vierzig Dollar, die man damals für jeden erlegten Wolf erhielt, machten es wieder wett. Ich konnte mir einige lang benötigte Dinge kaufen und behielt noch etwas übrig.

Hiawatha

In unserer spitzfindigen, überklugen Zeit gehört es fast zum guten Ton, über die Werke Coopers und Longfellows die Nase zu rümpfen. Diese Männer haben den nordamerikanischen Indianer geschildert, und die Kritiker sind mit dem Gegenstand ihrer Kritik entweder gar nicht oder nur oberflächlich vertraut. Sie kritisieren, weil sie spüren, daß sie das in jenen Büchern geschilderte Leben niemals hätten aushalten können; deshalb tun sie so hochnäsig und schenken Cooper und Longfellow keinen Glauben, obwohl die beiden recht gut wußten, wovon sie sprachen.

Man beobachte nur einmal, wie hilflos der zivilisierte Mensch sich in den Wäldern benimmt, heute, wo ihm doch alles so bequem gemacht wird und die Anforderungen sicher nicht viel über die eines Picknicks hinausgehen. Früher wäre er mit seinen Kenntnissen nicht einmal eine Woche lang am Leben geblieben. Man mißverstehe mich nicht: Es ist keine Schande, die Arbeit des anderen nicht zu kennen - man sollte mich einmal am Steuer eines Autos sitzen sehen (ein Anblick, den noch keiner genoß, noch genießen wird) ...

Es ist immer so gewesen, daß kleine Geister über alles, was sie nicht verstehen oder nicht auch leisten können, den Schleier der Geringschätzung breiten, hinter dem sie dann ihre eigene Unfähigkeit verbergen. Darstellungen aus dem Indianerleben waren schon von jeher Gegenstand unsachlicher Kritik.

Cooper, Longfellow und andere standen den Tagen und Vorgängen, von denen sie in ihren Büchern berichten, ein gut Teil näher als wir heute Lebenden. Wir können mit Recht annehmen, daß sie zu Quellen Zutritt hatten, die uns nicht mehr zugänglich sind.

Natürlich, auch diese Schriftsteller waren nicht immer unfehlbar. Cooper zum Beispiel sind dort, wo er die Technik des Waldläuferberufs schildert, manchmal gewaltige Schnitzer unterlaufen. Seine Romangestalten sind in einem Maß idealisiert, das man ruhig als übertrieben bezeichnen kann. Er war außerdem auch ein wenig schwerfällig. Es ist auffallend, daß in seinem Roman »Der letzte Mohikaner« auch nicht eine einzige Gestalt zu lächeln wagt. Eine Ausnahme bildet der weiße Kundschafter »Falkenauge«, und auch er lacht nur selten und dann noch lautlos. Trotzdem hat Cooper die Atmosphäre der nordamerikanischen Wälder im Hartholzgürtel jenes Breitengrades, wo seine Erzählungen spielen, sehr genau getroffen, lebendig beschrieben, die Brutalitäten getreu wiedergegeben und zum Teil auch die Kunst des Waldkrieges. Vor allem war er mit dem Wesen des Indianers vertraut; seinen Scharfsinn, seine Starrköpfigkeit, die selbstverleugnende Seelenstärke und seine rätselhafte Ungereimtheit in manchen Dingen hat er richtig erfaßt.

Coopers Gestalten waren außerordentlich klug und scharfsinnig; unter den herrschenden Verhältnissen mußten sie es auch sein, wenn sie die nächste Mahlzeit erleben wollten (vielleicht haben seine Handlungsträger deshalb nie Proviant mitgenommen). Denn es geschah nicht selten, daß ein Mann morgens sein Gesicht herabgerutscht fand, weil der Skalp, der es bisher zusammengehalten hatte, über Nacht abgezogen worden war. Am Frühstückstisch der Hölle müssen sich oft seltsame Gestalten gegenübergesessen haben.

Longfellows »Hiawatha« schildert eine ganz andere Seite des Indianertums. Sein Lied beginnt mit der Abschaffung des Krieges und beschreibt, wie die Männer ihre Waffen niederlegten und die Kriegsbemalung abwuschen. Er zeigt weiter, wie sich die im Bruderkrieg bekämpfenden Stämme unter dem besänftigenden Einfluß der vom Großen Geheimnis angebotenen Friedenspfeife versöhnten.

Vieles an diesem Gedicht ist natürlich mit dichterischer Freiheit gestaltet, vieles ist symbolisch gemeint und vieles ist Legende. Und doch könnten fast alle Allegorien auch auf das heutige Leben angewendet werden; die Legenden - so barbarisch sie sein mögen - sind schön, und der Poet hat sie richtig wiedergegeben. Und überhaupt, enthält die moderne Geschichtsschreibung nicht auch manches Märchen?

Mit Ausnahme von ein oder zwei falschen Wortwiedergaben (absichtlich falsch, um des Versmaßes willen) hat Longfellow alle Odschibwä-Worte richtig wiedergegeben und, wo es sein mußte, ebenso richtig übersetzt. Die Behandlung des Stoffes ist so echt, daß das Gedicht von einem Indianer stammen könnte. Die eigentümliche Wortfolge, der deklamatorische Stil, die Bilder, die Wiederholungen eines Gedankens auf verschiedene Weise und der gleichmäßig dahinströmende, fast eintönige Rhythmus geben dem Ganzen den Charakter eines Kultgesanges. Er erinnert mich jedesmal an den Sprechgesang eines alten, weisen Indianers, der, vor einer großen Versammlung stehend, in gewählten Worten und Wendungen die großen Taten der Vergangenheit rezitiert.

Eines der besten Beispiele Longfellowscher Kunst ist die herrliche Stelle, wo das Sterben Tschibiabos* beschrieben wird:

Von dem Dorfe seiner Kindheit,
Von den Zelten lieber Nachbarn
Stille durch den Wald hinziehend,
Einem Rauch gleich, der verweht wird,
Langsam hinschwand Tschibiabos!

---

* Hiawathas Freund, der Sänger und Spielmann

Wo er zog, kein Zweig bewegt' sich,
Wo er schritt, kein Grashalm bog sich,
Und das dürre Laub vom Vorjahr
Raschelt' unter seinem Tritt nicht.*

Als Gegensatz zu Longfellow sei die Arbeit eines Schriftstellers erwähnt, der ein anerkannter Kenner der Grenzgeschichte sein soll. Zum Schauplatz einer seiner Erzählungen wählte er ein Siouxdorf, und jedes indianische Wort, das er benutzt, ist Odschibwä und schlechtes Odschibwä dazu. Sioux und Odschibwä sind nämlich zwei ganz verschiedene Indianervölker, und ihre Sprachen haben so wenig gemeinsam wie Hindostanisch oder Chinesisch (hoffentlich stimmt der Vergleich).

Die Verkörperung der Tiere bei Longfellow, der Gegenstände, der ganzen Natur entsprechen genau der indianischen Vorstellungsweise. Alles ist Persönlichkeit mit allen Merkmalen des jeweiligen Charakters. Die Tannen singen – wer den Wind durch ihr Gezweig hat rauschen hören, wird das verstehen. Der Wintergeist »hüllt sich in eine weiße Decke«; die Eulen »lachen durch die Wälder«; die Nachtschwalbe »klagt«, und die Möwen heißen Kajoschk (edle Scharrer), der Ochsenfrosch »schluckte und sank zur Tiefe nieder«; das Eichhörnchen heißt Adschidaumo – Hochschweif, eine andere Übersetzung des Odschibwä-Wortes für »Kopf-unten«, eine Anspielung auf die Gewohnheit des Eichhörnchens, sich mit dem Kopf nach unten hängend am Baumstamm einzukrallen.

Longfellows Darstellung des indianischen Dorflebens stimmt nicht nur mit Forscherberichten der damaligen Zeit überein, sondern auch mit meinen Erfahrungen, die ich in den Dorfgemeinschaften des Nordens sammeln konnte. Allerdings, so bunt und fröhlich wie in Hiawa-

* 15. Gesang: Hiawathas Klage

thas Dörfchen ging es dort nicht zu. Diese unglücklichen Menschen haben heute wenig Grund zum Fröhlichsein. Trotzdem, man muß nur einmal die im Westen Kanadas stattfindenden Indianerfeste besuchen. In regelmäßigen Abständen versammeln sich Schwarzfüße, Sioux, Stoneys und Krii-Indianer und lassen viele ganz ähnliche Szenen, Zeremonien und Tänze aufleben, wie sie Longfellow in seinem Hiawatha-Lied beschreibt, sogar die Glücksspiele, die ebenso ernst genommen werden wie alle übrigen Vorgänge und Handlungen*.

Der Dichter des Hiawatha-Liedes hat auf Eigenschaften des roten Mannes hingewiesen, die man diesem im allgemeinen nicht zutraut. Er schildert ihn als gemütvoll, scheu und gastfreundlich, als einen Menschen, der im Krieg wohl rücksichtslos sein kann, aber ein guter Gatte und Vater ist, als einen Träumer und Denker. Longfellow sagt die Wahrheit, besonders dort, wo er vom Familiensinn und von dem strengen Festhalten an den Gesetzen der Gastfreundschaft spricht. Leider waren die Vorkommnisse der letzten fünfzig oder sechzig Jahre nicht dazu angetan, diese Gastfreundschaft zu pflegen; heute wird der Wanderer im Indianerland nicht mehr so überschwänglich willkommen geheißen.

Am ganzen Hiawatha-Lied ist nichts Erzwungenes, jedes Volk, jede Rasse hat seine Märchen und Sagen. Damals dachte sich der rote Mann die dämmrigen Wälder seiner Heimat von Gnomen und allen möglichen Fabelwesen bevölkert; bei den nomadisierenden Stämmen findet man diesen Glauben noch heute. Dennoch ist die Geschichte von Hiawathas Volk sehr menschlich, sehr

* Die Algonkin der Garden River Reservation bei Desperat, Ontario, im Strombereich des Mississauga, behaupten, Longfellow habe eine Zeitlang unter ihnen gelebt und Studien gemacht. Zur Erinnerung an den Dichter hielten sie an den Ufern und in den Wäldern des Huronensees alljährlich ein Gedenkfest ab, bei dem sie das Leben Hiawathas aufführten. Ich glaube, diese Feiern finden heute noch statt.

einfach und sehr wirklich. Sie durchläuft die ganze Stufenleiter menschlicher Gefühle und Regungen. Der indianische Charakter wird auffallend getreu wiedergegeben. So kommt es, daß wir die durchs Tawasentha-Tal, durch die Tannenhaine tanzenden Menschen in bescheidenerem Maßstab überall finden, wo eine indianische Gemeinschaft lebt, und nicht nur dort - nein, in der ganzen Welt.

Ein jedes Dorf, und sei es noch so klein, hat seinen Pau-puk-kiwis, den lustigen, müßigen Herumtreiber und gewandten Tänzer. Er ist das Leben der Gesellschaft, er bringt sie durcheinander und verursacht manchen Streit, ist aber selbst kein großer Held unterm Mannsvolk. Überall haust ein Jagu, der große Aufschneider und Geschichtenerzähler, der ganz in der Vergangenheit lebt und viele mutige Stückchen zu berichten weiß. Immer ist auch eine Nokomis* da (Hiawathas Großmutter), die das ganze Dorf bemuttert und dem jungen Hiawatha rät: »Bring nicht her ein müßig Mädchen, bring nicht her ein unnütz Weib uns.« Wir finden, daß Kwasind**, der Starke, Polternde, im Kopf nicht so stark ist. Tschibiabos, der süße Sänger, sanft und zurückhaltend, besitzt die Seele eines Künstlers. Und Hiawatha selbst, der Held des Geschehens, hat viele Fehler. Er muß ziemlich halsstarrig, leidenschaftlich, gelegentlich auch rücksichtslos gewesen sein.

Hiawatha oder Hayowentha, wie er richtig heißt, war den Indianern nie ein Gott, nicht einmal ein Prophet im eigentlichen Sinn und noch weniger ein Zauberer. Denn wie wir sehen, brauchte er, in Bedrängnis geraten, die Hilfe des Stammesmedizinmannes. Nein, Hiawatha war ein Voraussehender, ein Mann mit neuen, fortschrittlichen Ideen für sein Volk. Er fühlte, daß er eine Mission

---

* eigentlich Kokomis
** eigentlich Musch-ka-wasind

hatte, und tat alles, um seine Aufgabe durchzuführen. Doch auch ihm ging es wie so vielen weitblickenden Menschen: Er stieß immer auf den Widerstand der anderen. Seine Stammesgenossen schenkten ihm nicht allzuviel Beachtung. Hätten sie es nur getan, vielleicht wäre ihnen ein besseres Los beschieden gewesen! Später, als Hiawatha schon lange von ihnen gegangen war, sahen sie ein, daß sie einen großen Führer verloren hatten.

Im Gegensatz zu anderen Rassen neigte die indianische nie zur Vergöttlichung ihrer großen Lehrer. Im Gegenteil, die Indianer besaßen ein recht scharfes Auge für deren menschliche Schwächen und hielten sie immer hübsch auf der Erde unten, wo sie auch hingehörten. So starb auch Hiawatha in der üblichen Weise und wurde – wie man sagt – an den Ufern des Oberen Sees, unter dem Donnerkap, begraben. Über die eigentliche Ruhestätte ist man sich nicht einig. Kaum war er tot, da bemächtigte sich die Legende seiner Gestalt und begann ihr Rankenwerk zu schlingen.

Die Weißen haben diesen großen eingeborenen Denker zu einem indianischen Gott oder Heiligen gestempelt. Er war es ebensowenig wie viele andere, denen man dieselbe Ehre erwies, noch wollte er es sein.

Während einige Indianerstämme ihn als den Menschen verehrten, der er tatsächlich war, haben andere einen Zauberer, einen Magier aus ihm gemacht. Wüßte er, wie falsch seine Absichten ausgelegt wurden, dann würde er wie Buddha, Konfuzius und Mohammed bitter enttäuscht sein. Nun, Hiawathas Ideen und Eingebungen sind wenigstens nicht Handelsgut geworden, und das ist um so mehr ein Glück, als es nicht allzu häufig geschieht.

Die Stammeszugehörigkeit Hiawathas konnte nie einwandfrei festgestellt werden. Die Irokesen erheben Anspruch auf ihn, und das gleiche tun die Odschibwä, die Maleciten, die Micmacs und verschiedene andere Indianernationen. Daß Hiawatha gelebt hat, ist sicher. Von seinen Werken und Zielen ist vieles überliefert, und wenn wir das schmückende Rankenwerk entfernen, gewinnen wir ein Bild seiner missionarischen Versuche.

Hiawatha war ein Heide, er liebte alle Dinge, groß und klein. Er predigte ohne Kirche und predigte gut. Seiner Zeit weit vorauseilend, arbeitete er für das Wohl seines Volkes. Als zu seinen Lebzeiten die Weißen zum erstenmal auftauchten, versuchte er, wie später Tecumseh und Pontiac, die ewig sich bekriegenden Stämme auszusöhnen und ein Volk aus ihnen zu machen. Er wollte neue Künste, eine neue Kultur entwickeln. Seine Versuche scheiterten (wie die Geschichte sich wiederholt - wie bleibt die Welt immer so klein). Man betrachtete ihn als Störenfried und Querulanten. Er war ein Sendbote, der ohne Zeremonien in die auserwählten, selbstzufriedenen Cliquen eindrang und sie mit unerwünschten und beunruhigenden Nachrichten aus ihrer Beschaulichkeit aufstörte. Man nannte ihn, wie viele andere, die weiter als bis zu ihrer Nasenspitze sehen, einen Träumer und Geisterseher. Er zeigte ihnen die Flammenschrift an der Wand - und seltsam, fast alle seine Voraussagen sind eingetroffen.

Hiawatha hatte kein Glück bei den Menschen und wandte sich den Tieren zu, wurde ein Verteidiger der stummen Kreatur. Sie fühlte sich hingezogen zu diesem Menschen, und er nannte sie seine kleinen Brüder. Man sagt ihm nach, er habe die Geschöpfe der Wildnis, namentlich die Biber, deren Sprache er gelernt haben soll, herbeirufen können. Nach meinen bescheidenen Erfahrungen mit diesen seltsamen Tieren kann ich das wohl glauben.

Für den Indianer der damaligen Zeit - und heute ist es zum Teil auch noch so - hatte alles in der Wildnis sein eigenes Leben, seine eigene Seele. Das ist eine schöne Auffassung von allem Geschaffenen, selbst wenn sie mit den Erkenntnissen einer späteren Kulturstufe nicht in Einklang steht. Einzelne Bäume wurden wie alte Freunde begrüßt; Berge und Hügel sprach man in der ersten Person an. Und Hiawatha beugte sich - nach allem, was wir von ihm wissen - in tiefer Ehrfurcht vor allem Lebendigen. So ist es denn kein Wunder, daß er, verbittert durch die gleichgültige Haltung seines Volkes, enttäuscht fortging, um unter den arglosen Tieren zu leben und von ihnen die Freundschaft zu empfangen, die sein Volk ihm versagte. So weit seine Lebensgeschichte.

Und nun beginnen Sage und Legende den Schleier zu spinnen. Von der Sorge um das Schicksal seiner Rasse gequält, die immer noch nicht begreifen wollte, beschloß Hiawatha, einen letzten Versuch zu machen. Von Stamm zu Stamm ziehend, rief er zu einem großen Fest auf. Er rief die Menschen, er rief die Tiere, alle, alle! Am Ufer des Oberen Sees bereitete er das Fest vor, doch als der Tag gekommen war, fand sich nicht ein einziger Mensch ein - nur die Tiere waren erschienen.

Und so wurde es kein fröhliches Fest, denn die versammelten Geschöpfe wußten, daß es ein Abschiedsmahl war. Hiawatha sah seine Aufgabe gescheitert und konnte nicht länger bleiben. Doch ehe er ging, sprach er zu den Tieren, dankte ihnen für ihr Kommen und sagte, daß die weißen Neuankömmlinge sie in ihre Obhut nehmen würden und daß sie noch lange leben werden, wenn der rote Mann schon langst dahingegangen sei.

Dann bestieg Hiawatha sein Kanu und fuhr gen Sonnenuntergang. Er sang ein Abschiedslied. Die Tiere saßen bedrückt am Ufer und blickten der einsamen, immer kleiner werdenden Gestalt nach, bis sie einging in den Glanz der sinkenden Sonne.

Bestürzt und unglücklich weinten und klagten die Geschöpfe und entdeckten plötzlich, daß ihre Stimmen sich verwandelt hatten und keines das andere mehr verstand. Noch lange saßen sie dort an den Ufern des Oberen Sees und warteten. Dann brach die Nacht herein, und die große Tierversammlung ging auseinander.

Seither heulen die Wölfe, so oft sie sich des Ereignisses erinnern, sie schicken ihre Trauer in die Weite; der Taucher auf dem See klagt wie eine verdammte Seele in der Nacht. Seither hat die Eule eine wehklagende Stimme, und manche Geschöpfe sind sogar stumm geworden. Die ganze Natur betrauert Hiawathas Weggang.

Noch lange, lange schwebte Hiawathas Abschiedslied hinter ihm her, und die Vögel lernten es noch rasch, ehe es ganz und für immer verklang. Sie singen heute noch Hiawathas Melodie, doch die Worte sind vergessen.

So ging Hiawatha aus dieser Welt – ein Mensch, der das Gute tat um des Guten willen, ohne Hoffnung auf Lohn, ohne Wunsch nach Lob. Er war ein Messias der Wildnis, und sein Volk verleugnete ihn.

Im Lauf der Zeit erkannte es, was es an ihm verloren hatte; es nahm seine Lehre an, es besserte sich und wartete auf seine Wiederkunft. Aber es war schon zu spät, und die Vernichtung brach herein, wie er vorausgesagt hatte.

Hiawatha! rauscht der Wald; die brausenden Wasser rufen seinen Namen, und selbst die Adler in den Lüften schreien: »Hiawatha!« Und die Biber halten in der Arbeit inne und warten in ihren Wasserburgen auf das Kommen ihres Bruders.

Ich sah unser Volk zertrümmert,
All vergessend meines Ratschlags,
Schwach noch kämpfend miteinander,
Sah die Reste unseres Volkes
Westwärts fegen, wild und schmerzvoll,
Gleich den Wolken, die ein Sturm peitscht,
Gleich dem welken Laub des Herbstes.

21. Gesang: Des weißen Mannes Fußtritt

Jetzt bist du blind!

Mißglückte Abenteuer sind fast immer das Ergebnis mangelhaften Könnens und schlechter Beurteilung einer Lage. Wie mutig der Fall sich nachher, beim Erzählen, auch ausnehmen mag, irgendwo steckt immer ein Stückchen Torheit, ein zuerst ganz geringfügig scheinender Fehler, für den man nachher geradestehen muß. Ich beging schon viele Torheiten - Torheiten, die mich das Leben hätten kosten können.

Einigen meiner Erlebnisse lag pures Mißgeschick zugrunde, aber bei weitem nicht allen. Die Dummheiten beging ich in jüngeren, sorgloseren Tagen, oder wenn ich die warnende innere Stimme geflissentlich überhörte.

Viele spielten sich vor vielen Jahren in Nord-Quebec ab. Die Pelztierjagd war vorbei für den Winter. Man bezahlte damals sehr schlechte Preise, und als ich meine Schulden getilgt hatte, blieb nur wenig Geld im Beutel zurück. Aus diesem Grunde beschloß ich, im gleichen Gebiet auch eine Frühjahrsjagd abzuhalten.

Der Frühling kam. Noch lag der Schnee fast einen Meter hoch. Ich belud den Toboggan mit frischen Vorräten und zog los, allein wie immer.

Das Eis lief - wie wir sagen - »auf seinen letzten Beinen«; der Schnee war weich, matschig und erschwerte das Wandern. Fünfzehn Kilometer vor dem Ziel - die Trapperhütte - mußte ich abladen und die Vorräte in einem Cache verstauen. Ich behielt nur einige Fallen, ein kleines Handbeil, und »high banked it«* am Seeufer entlang.

Kurz vor Morgengrauen gelangte ich, nach einigen sehr heiklen, durch das brüchige Eis verursachten Lagen an meine Hütte. Sie war eine ausgesprochene Winterhütte und lag in einer Mulde. Sie war vollkommen überschwemmt. Durch das Tauwetter war der benachbarte Fluß angeschwollen und über seine Ufer getreten. Auch das Häuschen hatte es gründlich abbekommen: Der Fußboden lag knietief unter Wasser und selbstverständlich auch alle vom Winter her übriggebliebenen Vorräte. Ein schwerer Schlag, denn ich hatte damit gerechnet, daß sie mir über die Zeit hinweghelfen würden, bis ich das Cache auf dem Wasserweg erreichen und ausräumen könnte. Die Nahrungsmittel, die bereits eine Woche lang im Wasser gelegen hatten, waren vollkommen durchnäßt und verdorben. Ein einziges Mal nur vernachlässigte ich die uralte Trapperregel, etwas Vorrat so sicherzustellen, daß ein verirrter Wanderer sich helfen konnte - und nun war ich das erste Opfer dieses Regelverstoßes. In nicht gerade rosiger Laune schimpfte ich über die Unsicherheit des Waldlebens, ein Fehltritt - und schon hat es dich am Kragen. Natürlich war nicht der Busch schuld, sondern mein sträflicher Leichtsinn.

Noch war nicht alles verloren; es fand sich ein Zelt, ein paar Decken waren auch noch da, ferner ein Ofen und ein Kanu. Da ich in dieser Nässe nicht bleiben konnte, schaffte ich die Sachen auf eine kleine Bodenerhebung, schlug das Zelt auf, stellte den Ofen auf die Beine, suchte Tannenwedel für eine Matratze und wickelte mich in die Decken. Das Hügelchen war rings von Wasser umgeben, und dort hauste ich in meiner Wasserburg. Da ich keine

* High banked it - ein Trapperausdruck. Er bedeutet, am Ufer eines Sees oder Flusses entlangwandern, eine sehr langweilige und mühselige Fortbewegungsart.

Lust verspürte, von den durchnäßten Vorräten zu speisen, ging ich hungrig schlafen und schlief bis tief in den nächsten Tag hinein.

Als ich aufwachte, konnte ich nicht mehr stehen. Eine alte Schrapnellwunde am Fuß hatte die Eis- und Schneewasserbäder übelgenommen und war hochrot angeschwollen. Ich war froh, daß ich das kranke Bein überhaupt strecken konnte.

Zum Glück schwamm etwas Holz im Wasser herum, ich fischte es heraus und fand es noch leidlich trocken und brennbar. Trotzdem blieb die Nahrungsfrage vorläufig ungelöst. Wie ich aus Erfahrung wußte, würde ich mehrere Tage lang keine großen Sprünge machen können und schließlich doch von dem durchnäßten Zeug leben müssen.

Mit Hilfe einer rasch zusammengebastelten Krücke, die das Bein über Wasser hielt, watete ich zur Hütte zurück, holte etwas Hafergrütze, Zucker, Tabak und Mehl. Auf einem Wandbrett fand ich auch noch etwas Fett, Tee, Backpulver, Salz und eine Schachtel Streichhölzer. Eine Büchse Kondensmilch stellte sich ebenfalls noch ein.

Mit viel Ach und Weh schaffte ich die Sachen auf meine Wasserburg und außerdem eine einläufige Schrotflinte für den Fall, daß ein paar Wildenten sich in meiner Nähe niederließen.

Ich untersuchte die Vorräte. Der Tabak war natürlich ausgelaugt und rauchte sich, nachdem ich ihn getrocknet hatte, wie dürres, altes Moos. Mehl und Hafergrütze waren in ihren Baumwollsäckchen zu Teig und Klumpen geworden. Der Fleischvorrat - zwei Elche und anderes, kleineres Wildbret - lag vor der Hütte im Wasser. Bei meinem Weggang war er noch steinhart gefroren gewesen, jetzt war er es nicht mehr. Zwei Wochen Maisonne hatten dem Fleisch nicht gut getan. Wer weiß, wie weit die Brühe die übrigen Nahrungsmittel getränkt haben mochte. Ich warf einen Teil des Mehlklumpens ins Wasser, auf dem er dumpf aufplatschte und versank. Dann versuchte ich die Hafergrütze, aber sie schmeckte so merkwürdig, daß ich sie beiseite legte.

So hielt ich noch einen Tag aus, trank Tee, rauchte strohigen Tabak und wartete auf eine Wildente. Das Bein wurde nicht besser und ich immer hungriger.

Am folgenden Morgen kochte ich Mehl und Hafergrütze, denn der Mensch muß essen. Mit Tee hinuntergespült, schmeckte er nicht einmal so arg schlecht. Die gebrühten Teeblätter wurden wieder getrocknet und gaben, mit dem Strohtabak vermischt, ein recht annehmbares Rauchervergnügen.

An jenem Tag aß ich zweimal, setzte mich zurecht und wartete auf die schlechte Wirkung. Sie blieb aus. Trotzdem hieß mich ein Instinkt, die Milchbüchse vorläufig unangetastet zu lassen.

Da die befürchtete Wirkung nicht eintrat, faßte ich Mut und begann regelrecht zu essen und an meine verzögerte Frühjahrsjagd zu denken. In einem kleinen, knapp zwei Kilometer vom Lager entfernten See hauste ein Biberpaar, das ich schon längst hätte holen sollen, ehe die Jungen zur Welt kamen. Mein krankes Bein wurde besser, und ich beschloß, ehe ich zu dem Cache ging, ein paar Fallen aufzustellen.

Eines Morgens sank der Wasserspiegel ein wenig; ich frühstückte kräftig, wenn auch ohne Genuß, nahm die Fallen und einen Imbiß für den Mittag mit und zog los.

Ich war noch nicht weit gekommen, als es mir schauderhaft übel wurde. Der Anfall ging schnell vorüber, und ich wanderte weiter. Nicht lange darauf kam es noch einmal und ein drittes Mal. Krank und erschöpft schleppte ich mich zurück und war froh, als ich unter meine Decken kriechen konnte.

Gegen Abend schwoll mein Gesicht an, ich fieberte, Mund und Hals waren bös entzündet. Ich dachte an die

Milch und trank ein wenig, konnte aber nur unter Schmerzen schlucken. Ich spürte, wie mir der Schlund zuwuchs und japste nach Luft. In meiner Bedrängnis und Angst, langsam und bei vollem Bewußtsein ersticken zu müssen, fielen mir alle möglichen Hilfen ein, die in der Rückschau mehr als unsinnig aussehen. Wenn ich nur irgendeine Röhre hätte, um sie den Schlund hinabzudrücken! In meinem Fieber schraubte ich den Flintenlauf ab, fettete ihn sogar ein, damit er ja gut gleite. So elend ich war, ich mußte mir vorstellen, wie komisch, um nicht zu sagen verrückt es aussehen würde, tot und mit einem Flintenlauf im Schlund aufgefunden zu werden – wie ein stümperhaft ausgeführter Selbstmord.

Die Milch übte eine wohltätige Wirkung aus, immerhin dauerte es noch Tage, bis ich das Cache aufsuchen konnte. Inzwischen verhungerte ich beinahe und erholte mich gleichzeitig.

»Mühsal« und »Härte« sind relative Begriffe, je nach Gewohnheit und Umgebung. In einem Haus, wo ich einmal zu Gast war, schmolz irgend etwas in der elektrischen Leitung, so daß die Lichter ausgingen. Für jene Menschen war das sicher eine Härte, vielleicht die erste ihres Lebens. Ich konnte ihre Unruhe verstehen, denn es war sicher recht unangenehm für sie und bis zu einem gewissen Grad vielleicht auch gefährlich, als seien sie plötzlich blind geworden. Ein furchtbareres Schicksal kann ich mir gar nicht vorstellen, denn ich war einmal blind.

Nur zwölf Kilometer trennten mich von der nächsten Niederlassung. Zwölf Kilometer sind in der Wildnis draußen unter Umständen soviel wie hundert.

Es war nicht besonders kalt, an sich ganz angenehm, aber schlecht zum Wandern. Deshalb nahm ich die Einladung, auf einen Frachterschlitten aufzusitzen, recht gerne an, ersparte ich doch damit das Schneestapfen und genoß obendrein ein Vergnügen, das mir sonst nur selten zuteil wurde.

Die Nacht kam, und die Frachter machten Lager. Zwischen der Lagerstelle und meinem Ziel, einer Trapperhütte, lagen nur wenige Meilen. Ich hatte mir in den Kopf gesetzt, dort zu übernachten, und wies die Einladung zum Bleiben ab, schlüpfte in die Schneereifen und begab mich, trotz drohender Wetterzeichen, auf den Weg. An Nachtwanderungen gewöhnt, scherte ich mich törichterweise keinen Deut um gute Ratschläge und besseres Wissen.

Kurz nachdem ich das warme Lagerfeuer und die guten Kameraden verlassen hatte, bereute ich es schon. Der Portagepfad war so einsam und verlassen, so finster und freudlos. Zweimal war ich nahe daran, umzukehren, aber der nächtliche Pfad erforderte größte Aufmerksamkeit, so daß ich zu müßigem Bedauern bald keine Zeit mehr fand, und die gedrückte Stimmung ging vorüber. Es wurde kälter - gut so, ich hatte nichts dagegen, um so besser für die Schneereifen.

Am Ende der Portage angelangt, stellte ich fest, daß der Wind plötzlich aus dem Norden pfiff, recht steif sogar, aber der Himmel war unbewölkt. Der abnehmende Mond glich einem eingesunkenen Totengesicht und sandte ein ganz blasses Licht aus, das die Merkmale der Landschaft nur undeutlich erkennen ließ. Am anderen Ufer des zwölf Kilometer breiten Sees lag das Ziel, die Hütte. Ich zog die Riemen der Schneereifen fester an und betrat das Eis.

Der Schnee war von den Winden in harte, unregelmäßige Wellen zusammengeweht worden. Das bleiche Licht der Mondsichel war schlimmer als gar keines, es täuschte meine Augen, so daß ich fortgesetzt gegen die vereisten Schneewellen stieß oder ins Leere tappte und mit einem Aufprall in eine Mulde plumpste. Das ermüdete.

Zuletzt mußte ich ganz langsam gehen und wurde so schlapp, daß ich ernsthaft überlegte, ob es nicht besser wäre, zum Ausgangspunkt zurückzukehren, ein Feuer zu machen und den Morgen abzuwarten. Aber dann wollte mir das, nachdem ich die Seemitte erreicht hatte, doch nicht recht gefallen; außerdem blies der Wind immer stärker und kälter. Wer weiß, was noch kommen mochte.

Aus dem steifen Wind wurde ein Sturm, der nicht stoßweise daherfegte, sondern gleichmäßig, pausenlos, ohne besonderen Lärm brauste und dem ich in meinem erschöpften Zustand kaum lange Widerstand bieten konnte. Er kam aus dem Norden und schnitt wie eine Säge durch meine Hirschlederkleidung. Der Kampf mit dem Sturm und das ewige Stolpern und Hinfallen zehrten meine Kräfte rasch auf. Die Augen fingen an zu brennen, als trockne der Sturm sie aus. Ich mußte sie schließen und eine Strecke weit mit zusammengekniffenen Lidern wandern. Das wiederholte sich immer öfter.

Etwas Merkwürdiges ging vor. So oft ich geradeaus blickte, wurde das Ufer zu meiner Rechten ganz verschwommen. Das fiel mir auf, war ich doch, um etwas von seinem Schutz zu haben, in einer Entfernung von nur einem Kilometer an ihm entlanggewandert. Die linke, vier Kilometer entfernte Uferseite war aus dem Winkel des linken Auges ganz deutlich zu erkennen.

Nicht lange darauf stellte ich fest, daß das rechte Ufer nur dann deutlich sichtbar wurde, wenn ich voll darauf blickte. Das war seltsam und beunruhigte mich.

Nach kurzer Zeit lag auch das andere, fernere Ufer in einem grauen Dunst und verschwand allmählich ganz. Ich blickte in die Höhe und sah den Mond nicht mehr. Ich betrachtete die Schneereifen an den Füßen – sie waren mit frischem Schnee bedeckt. Ich musterte mein Lederhemd, es war auch überschneit, und doch fielen keine Flocken auf mein emporgerecktes Gesicht. Vielleicht war es Reif. Ich wollte ihn abklopfen, er fiel nicht weg. Dann knöpfte ich das Hemd auf und besah die Innenseite, auch sie war weiß. Langsam dämmerte die Erkenntnis: Das war es! Meine Augen wurden langsam weiß! Ich war am Erblinden! Die Weiße Blindheit kam über mich, der furchtbare Weiße Tod, von dem die Indianer erzählen!

Einen Augenblick lang stand ich ganz benommen da, ich mußte mich erst fassen, und dann wandte ich mich dem nächstliegenden Ufer zu, solange es noch Zeit war. Ich mußte ans Ufer, um den Wind in den Bäumen zu hören, sonst war ich verloren.

Rechts und links von einer weißen Mauer umgeben, konnte ich nur geradeaus sehen. Stolpernd und stürzend erreichte ich mit knapper Not mein Ziel. Es war wirklich höchste Zeit, denn auch das Ufer verwandelte sich, schien zurückzuweichen und lag nur noch als grauer Strich vor dem geradeaus gerichteten Blick. Alles löste sich auf, wurde weiß und leer.

Mit unsicher tastenden Händen suchte ich den Wald, einen Baum, mein letztes Bindeglied mit der lebendigen Welt. Ich rannte mit einer Wucht gegen einen Stamm, daß ich zurückgestoßen in den Schnee fiel.

Und nun mußte ich es glauben. Die Angst vor der entsetzlichen Hilflosigkeit, der unaussprechlichen Qual eines plötzlich des Augenlichts Beraubten – ich nahm sie bewußt wahr. Langsam richtete ich mich auf und rang nach Fassung. Die Erkenntnis meiner Lage brüllte, jawohl, brüllte wie ein Donner durch meine wirbelnden Gedanken.

Die Schneereifen hatten sich gelockert und baumelten lose an den Füßen. Ich erhob mich und brach sofort bis zu den Hüften im Schnee ein. Ich schrie, schrie wie ein gequältes Tier in der Falle. Mit blicklosen Augen suchte ich die weiße Mauer zu durchdringen – ich mußte doch wieder sehen können!

Ich war offenbar in eine kleine Bucht geraten, denn ich spürte keinen Wind, und der tierische Aufschrei kehrte zurück. Während der Schweiß mir über das Gesicht strömte, tobte ich: Ich bin blind! und das Echo höhnte: Blind – und ein Dämon kam und flüsterte: Jetzt bist du blind!

Die Raserei legte sich, mein Körper wurde angenehm starr und warm. Ich setzte mich bequem in den Schnee, das Brennen in den Augen hatte nachgelassen, ich wurde müde. »Das ist das Ende«, dachte ich, »das Ende, nachdem man so viele Jahre der Wildnis widerstanden hat. So einfach ist das also!« Wenn man mich fände, wüßte kein Mensch, warum und wie ich gestorben war.

Plötzlich erwachte ich aus meiner Stumpfheit. Gewehr und Axt hatte ich im Schnee verloren und kroch tastend umher. Vergeblich. Die Schneereifen schleiften hinterher. Ich stieß gegen einen Baum. An seinem Fuß grub ich mit dem Schneereifen ein tiefes Loch, kroch hinein, steckte die Schneereifen daneben und häufte so viel Schnee auf mich, wie ich konnte. So wollte ich schlafen, und alles andere war gleichgültig.

Der Wind hatte sich beruhigt, ich hörte ihn nicht mehr. Ohne seine Führung könnte ich den Weg nicht mehr finden, würde auf dem See umherirren und endlich erschöpft liegen bleiben. Nein, es war besser so.

Mehrere Stunden später schrak ich aus dem Schlaf und erhob mich. Bei jeder Bewegung fuhren die Schmerzen wie Messer durch die Muskeln. Eine Warnung: Ich begann zu erfrieren.

Ich verwünschte mich, weil ich aufgewacht war. Nun würde alles wieder von vorne beginnen. Tränenbäche schossen aus den Augen, die wie Feuer brannten. Ich nahm das schwarze Halstuch, das ich umgebunden gehabt hatte, ab und erschrak: Ich sah! Mit einiger Mühe machte ich große, graue Gestalten aus, dicke Wattesäulen, zweifellos Bäume. Drüben gewahrte ich einen leichten Schimmer, als schiene eine brennende Kerze durch ein Stück Flanell, das mußte der Mond sein. Die Schneereifen glichen zwei Grabsteinen. Als ich nach ihnen griff, tappte ich zwei Fußbreit daneben.

Alles sah zwar sehr verschwommen und verzerrt und vergrößert aus, aber ich konnte wenigstens ein bißchen sehen und sogar Feuer machen. Und dann wartete ich, bis die Sehkraft soweit wiederhergestellt war, daß ich mich auf den Weg machen konnte. Ich unterstützte den Vorgang, indem ich die Augen auf- und zuklappte, vorsichtig rieb und die Tränen abwischte. Langsam, schmerzhaft nahmen sie ihre Funktion wieder auf, wenn auch nur unvollkommen. Es dauerte lange, und ich war ohnehin vollkommen erschöpft. Noch ein wenig länger, und alles wäre vorüber gewesen.

Gegen Morgen fand ich Axt und Gewehr wieder und erreichte glücklich die Hütte. Ich hatte sämtliche Fingerspitzen erfroren und konnte tagelang nur sehr undeutlich sehen.

Das Abenteuer war im großen ganzen gesehen gut abgelaufen. Ich erhielt eine nützliche Lehre und fand vielleicht auch den Grund, weshalb selbst erfahrene Männer auf unerklärliche Weise den Tod gefunden haben.

Da der Indianer nicht mehr ist, ist auch deine Stunde gekommen

Vor rund sechshundertfünfzig Jahren hob ein Eichhörnchen einen Kiefernzapfen vom Boden auf, den es mit zwanzig anderen aus einem Wipfel herabgeworfen hatte, und hüpfte damit davon, um ihn in seine Vorratskammer zu tragen, wo schon viele andere reife Zapfen lagen. Es hatte sie alle mitten auf einem Paß in den Rocky Mountains gesammelt. Als es vor seinem Speicher anlangte, fiel sein Blick auf etwas, das seine Neugierde weckte; es ließ den Zapfen fallen und vergaß ihn ganz, samt der Vorratskammer. Sie war noch nicht ganz fertig und lag ungedeckt. Und so kam es, daß Wind und Regen ihr Spiel mit den Zapfen trieben und sie herumwarfen und verstreuten. Der Winter kam. Sie überstanden ihn. Im Frühling schlugen sie Wurzeln, und aus den Samen wurden lauter kleine Kiefernschößlinge.

Der Kampf ums Dasein begann. Jeder Trieb mühte sich um einen Platz an der Sonne, suchte seine Nachbarn zu überflügeln und strebte dem Lichte zu, von dem ihrer aller Leben abhing. So wuchsen sie in einer Art Wettlauf schnell heran, und es war ein grimmiger Wettlauf für so kleine, zarte Gebilde. Die einen gediehen langsamer als die anderen und büßten dafür: Sie wurden bald von ihren frühreiferen Brüdern überschattet, kränkelten, erstickten und starben ab. Nach fünf Jahren waren nur noch sieben oder acht übriggeblieben. Da sie weit genug auseinanderstanden, wuchsen sie zu gesunden Jungbäumen heran.

An einem Herbsttag zog ein Stück Rotwild vorüber. Da es sich nach etwas Schmackhaftem umsah, fraß es einem dieser Bäumchen Wipfel und Triebe ab, und als der Frühling wieder kam, fand er nur noch einen dürren Stecken. Im Winter darauf nagten Kaninchen den anderen ringsherum die Rinde ab, so daß auch diese Bäumchen starben. Wieder fünf Jahre später - der Sommer neigte sich bereits dem Ende zu - trottete ein großer Elchhirsch herbei und benützte eines der gesunden Bäumchen als Fegepfosten, um sein neues Geweih vom Bast zu befreien. Im Verlauf dieser Arbeit riß er seinen Fegebaum um und mehrere andere dazu.

Nach zwei Jahrzehnten waren die Überlebenden zu jungen Bäumen herangewachsen, und alle hatten Aussicht auf ein gesundes, reifes Alter. Da kam ein Stachelschwein des Wegs gezogen. Es war hungrig und machte sich an die Stämmchen heran, entrindete sie sauber von der Wurzel bis zum Wipfel und trottete nach getaner Arbeit in ein anderes, ergiebigeres Gebiet.

Ein Bäumchen war noch unversehrt; da es nun ganz allein stand, zog es die Aufmerksamkeit seiner Feinde nicht mehr länger auf sich und wuchs ein Jahrhundert lang ungestört zu einem Baum voll edlen Gleichmaßes heran, obwohl er auf seinem freien Standort hoch oben am Bergpaß eher in die Breite als in die Höhe strebte. Seine höchsten Äste krümmten sich knorrig unter den steten Angriffen der von den Ebenen kommenden Südostwinde. Wie große, ausgestreckte Arme wiesen sie mit einer umfassenden Gebärde nach Norden.

Tapfer widerstand der Baum den furchtbaren Stürmen, die beständig aus den tief unten liegenden Prärien zu ihm heraufbrausten. Er überstand Dürre, Regen und alle Elemente mit den ihnen eigenen Kräften der Zerstörung, die ihn zu knicken oder zu entwurzeln suchten. Er wuchs trotzdem - nein, er gedieh sogar, sei es, weil die Widerstände ihn besonders hart und zäh machten, sei es, weil er an sich vielleicht ungewöhnlich kräftig war. Er erreichte einen gewaltigen Umfang.

Nach zweihundert Jahren bildeten seine verkrümmten, knorrigen Äste - nun selbst so stark und fest wie kleine Bäume - ein weitausladendes Gewölbe, in dessen Schatten manches vorüberwandernde Tier Schutz vor der heißen Sommersonne oder vor den Winterstürmen suchte und fand.

Seit undenklichen Zeiten zogen die Geschöpfe der Wildnis über jenen zweihundert Meter langen Bergpaß. Sie wanderten auf dem guten Pfad, wohin Laune oder Hunger sie treiben mochte. Doch nun begann sie der Baum auch anzulocken, ja sogar ihre Wanderungen zu bestimmen. Nicht nur sein Schatten und Schutz zogen sie an; denn Tiere wandern wie Menschen auf genau bestimmten Wegen von einem hervorstechenden Punkt der Landschaft zum andern. So kommt es, daß ihr Wechsel oft an einem ungewöhnlich großen Felsblock vorüberführt oder über einen besonders großen Biberdamm, durch eine besonders günstige Furt geht. Dort sieht man deutlich erkennbare Pfade. Weil der Baum der letzte Stützpunkt einer langen, beschwerlichen Gebirgswanderung und zugleich die erste Wegmarke für die aus den Ebenen Kommenden war, wurde er ein Anziehungspunkt für alle Geschöpfe, die sich in seinem Schatten erfrischten oder in beschaulicher Ruhe sich kurze Zeit seiner Freundschaft erfreuten und dann ihres Weges zogen.

Eine weitere Verlockung bot der wundervolle Grasteppich rings um den Baum, wo es Blumen und Beeren gab und in einem kleinen, flüchtigen Bach die Bergforelle hauste.

Der Wildpfad, der im Lauf der Zeit eben und hart getreten, deutlich an dem Baum vorbeiführte, diente außer den alltäglichen Geschöpfen auch einigen besonders edlen Tieren. Oft führte ein großer Elchbulle sein Rudel auf dem Weg zur Äsung dort vorbei. Jedes Jahr, wenn der erste Frost das Laub der Berg-Espen bronzen und golden färbte, wählte er die Wiese zu seinem Brunftplatz. Von dort aus schickte er seinen dröhnenden Kampfruf in die Weite, bis eines Herbstes ein anderer Führer das Rudel geleitete.

Ein kleines Wolfsrudel wanderte schlitzäugig und vorsichtig herauf. Ruhelos liefen die Grauen hin und her, zogen wieder fort und wurden nicht mehr gesehen.

Dann kam ein großer Grislybär und blieb dem Ort treu. Regelmäßig suchte er ihn auf. Gutmütig, massig und schwerfällig, aber flink und gefährlich im Zorn war der König der Berge. Er duldete niemand in seinem Reich. Wenn er sich aufrichtete, glänzte auf seiner Brust ein großes, hufeisenförmiges Mal aus Silberhaaren, wie ein Abzeichen seiner königlichen Würde. Einen Meter achtzig maß er von der Nasenspitze bis zum Schwanz; seine Schulterhöhe betrug einen Meter zwanzig; seine Krallen waren fünfzehn Zentimeter lang. Wehe dem, der diese furchtbare Macht reizte! Doch er tötete nur, wenn er Hunger hatte; er suchte keinen Streit, sondern liebte Ruhe und Frieden und die Sonne. Wurzeln und Beeren bildeten seine Nahrung - und Fische, die er im Forellenbächlein fing. Dort fischte er oft und lag, wenn sein Hunger gestillt war, am Fuß des Baumes, leckte seine Pranken, döste und träumte vielleicht.

Zum Zeitvertreib blickte er gern und lange hinaus in die unendliche Weite der Prärie, die sich tief unter ihm erstreckte und am fernen Horizont verlor. Dort unten, weit, weit weg, wogte von Zeit zu Zeit ein dunkles Meer, das sich wie ein beweglicher Teppich über die Ebenen breitete. An seinem Außenrand wirbelten zuweilen dicke gelbe Staubwolken auf. Aus der weiten Ferne drang Wolfsgeheul, darin sich ein wilderes, schrilleres Geschrei und dumpfer Trommelschlag mischten. Ein rhythmisches Getöse, das den Lauschenden seltsam erregte.

Die dunklen Wogen waren große Bisonherden, denen Präriewölfe auf den Fersen waren. Dort sammelten sich

Scharen kupferfarbener Männer und trieben zu Fuß einzelne abgesprengte Bisontrupps in roh zusammengezimmerte Pferche, wo sie die Tiere mit Bogen und Pfeil niederschossen. Dies geschah zu einer Zeit, da die Indianer noch keine Pferde besaßen.

Alle diese Vorgänge sah und hörte der Bär. Wer weiß, welch seltsame Gedanken hinter den kleinen, klugen Augen durch den Schädel zogen, welch unerfüllte Sehnsüchte die mächtige Gestalt erschütterten, die so gelassen in die Weite schaute, in jenes unentdeckte Land mit seinen fernen Ausblicken und unbekannten Bewohnern. Doch es war nicht des Bären Heimat, und deshalb zog er nie dorthin. Der große Baum, alt wie er, wurde eine Art Meilenstein, ein Wahrzeichen seines Lebens. Die Kameradschaft des Baumes schien einen Wunsch seines einsamen Lebens zu stillen. Dunkel begann der Grisly zu fühlen, daß der Baum, obwohl er sich nie vom Fleck bewegte, lebendig und sein Freund war. Darum zeichnete er ihn mit seinen Zähnen. Die Kiefer, die seit jenen fernen, fernen Tagen, als die Kaninchen ihre Zähne an ihr gewetzt hatten, nicht mehr gezeichnet worden war und die Jahresringe von vier Jahrhunderten trug, fühlte eine fremde Erregung durch alle ihre Fasern zittern. Nun wußte der Baum, daß auch in ihm noch Leben pulste. Wenn der Bär ihn verließ, fühlte er die Erde an seinem Fuß kalt und leer werden, und kehrte das große Tier zurück, dann erhob sich die Baumseele, und ein Beben überflog das Gezweig. Der Bär lag zufrieden am Fuß und starrte wieder in die Ebenen hinaus.

Das freundschaftliche Verhältnis zwischen dem Baum und dem Bären dauerte fast ein halbes Jahrhundert. Der Grisly wurde alt, sehr alt für einen seiner Art. Und dann kam ein Frühling, da er immer länger und häufiger unter dem Baum ruhte. Das ging so bis in den Spätsommer hinein. Nur noch selten verließ er den Ruheplatz und nur, um das Beerenfeld oder den kleinen Bach aufzusuchen und zu trinken. Das Fischen hatte er aufgegeben, er konnte die flinke Bergforelle nicht mehr erhaschen.

Langsam färbte sich wieder das Laub, die Wälder strahlten in herbstlichem Glanz. Der leichte Dunstschleier des Indianersommers verwischte weich die zackigen, scharfen Umrisse der Berge.

Eines Tages, kurz vor dem Blätterfall, lag der Alte wieder am vertrauten Platz und starrte, während er dem Singsang des Windes in den Zweigen lauschte, über die geheimnisvolle Prärie. Sie erschien ihm noch ferner, noch verschwommener als sonst. Er war sehr müde, und auf einmal kam ein großer Friede über ihn; er gab sich seinen Träumen hin. Die Ferne verblaßte, schrumpfte, schwand, und die Stimme des Baumes wurde weicher, leiser - und verstummte. Das Leben hatte den König der Berge verlassen.

Nun hielt der Uralte Totenwacht und wartete weitere hundert Jahre. Er erlebte es, daß alle, die er kannte, vor ihm starben. Er lebte weiter und wartete, bis der letzte seiner Freunde gegangen war. So stand er, ein einsamer, düsterer Wächter, an den Pforten der Bergwelt.

Später horsteten zwei Adler in seinem Wipfel. Zwei große »Kriegsadler«, König und Königin der Lüfte, zogen hoch über den Bergen ihre Kreise, stiegen höher, schwebten blitzend im Sonnenlicht schwerelos dahin. Jedes Jahr erschienen junge Adler, und der Horst im hohen Wipfel wurde sehr wichtig und den Alten eine große Sorge. Der Baum behütete die Adlerkinder, bis nach abermals hundert Jahren das Nest leer und verlassen stand und der Alte wieder einsam war. Doch dann kamen andere Adler, und von da an blieb der Horst nicht mehr unbewohnt.

Immer älter wurde der Baum, und sein Umfang nahm zu. Die schöne, purpurrote Rinde wurde dicker und das mächtige Geäst schwerer, knorriger und ausladender als je. Jeden Sommermorgen, wenn der Himmel klar war, schien die aufgehende Sonne rötlich auf die harte, tiefgefurchte Rinde und wärmte den Alten nach der kalten Bergnacht, und so oft der Morgenwind seine Nadeln traf, summten sie einen leisen Dank der Herrin des Lebens, der Sonne.

So taten auch die Indianer der Ebene. Auch ihnen war die Sonne heilig, spendete sie doch nicht nur Leben, nein, sie verlieh auch Kraft, es zu ertragen. Sie vertrieb den Winterschnee und ließ das Gras sprießen; sie erweckte die Blumen zum Leben, damit sie mit ihren Farben die Eintönigkeit der baumlosen Prärie erhellten. So glaubten die Schwarzfüße, die oft zu dem alten Baum hinaufstarrten, der so düster und kühn die Pforten der Bergwelt hütete. Es war ihnen unbegreiflich, wie eine Kiefer zu solcher Größe heranwachsen konnte. Darum hielt ihn die Sippe, deren ererbter Lagergrund dort lag, heilig. Niemand wußte, wie lange der alte Baum dort oben stand, darum wurde er jenen roten Menschen zum Symbol ihres Stammes. Er war eine Landmarke und ein unverletzliches Heiligtum, wie alle Landmarken in den alten Indianertagen. Die Sage kündete, wenn er einmal falle, würden die Schwarzfüße aus den Ebenen vertrieben und in die Berge gejagt werden; und wenn der Indianer zuerst gehen müsse, hätte seine Stunde ebenfalls geschlagen. Verehrungswürdig war der Baum.

Fünfhundertachtzig Jahre nach dem Tag, an dem das Eichhörnchen den Zapfen fallen ließ, gab der Baum zum erstenmal einem Menschen Schutz.

Ein junger Schwarzfuß, der kurz vor der Kriegerweihe stand, gelobte, fünf Tage und fünf Nächte lang fastend unter dem Ehrwürdigen zu verbringen, um seine Seele von allem Bösen zu reinigen und einen Traum zu haben. Dann wollte er hinuntersteigen zu den Seinen und das Gesicht erzählen, damit es von den weisen Zaubermännern gedeutet und ausgelegt werde. Und dann wollte er die Mutproben machen und bestehen, um unter die Krieger aufgenommen zu werden. Und wenn er die schweren Proben bestanden hatte und ein Krieger geworden war, wollte er vor ein schwarzäugiges Mädchen treten und es fragen, ob es sein neues Tipi und den Ruhm mit ihm teilen wolle, den er im Kampf gegen die Blaßgesichter zu erwerben hoffte.

Er stieg zum heiligen Baum empor und fastete an dessen Fuß fünf Tage und fünf Nächte lang. Das verwunderte den Uralten, denn alle anderen Geschöpfe, die ihn aufsuchten, aßen stets. Er fühlte Mitleid mit dem Jüngling, er schützte ihn, und seine Zweige spielten eine sanfte, leise Musik.

Fünf Tage lang saß der junge Mann in tiefes Nachdenken versunken und schaute über die Ebene, wo die Zelte der Seinen standen. Seine scharfen Augen entdeckten das Tipi, in dem ein Mädchen ängstlich seine Rückkehr erwartete. So hoffte er wenigstens. Wenn er schlief, ruhte sein Haupt auf einem Bärenschädel, der neben dem Stamme lag, und die wilden Geschöpfe traten heran und beäugten neugierig den Schlafenden. Welch ein Tier mochte das sein, was wollte es da oben? Kleine Mäuse mit schwarzen Perlaugen rannten aus ihren Löchern, berochen das fremde Wesen und huschten ihm über die Füße. Flughörnchen sprangen und schwebten wie fahle Gespenster von Ast zu Ast. Ein Fuchs schnürte vorüber; seine buschige Lunte schwang federleicht hinter ihm her. Über die mondbeschienene Wiese zog ein Kariburudel lautlos dahin.

Nach alter Sitte suchte sich jeder Indianer ein Schutztier. Er wählte nicht blind, sondern bereitete sich wie dieser junge Mann durch Fasten und Versenken auf ein Gesicht vor. Das Tier, das er dann in innerer Schau erblickte, wurde sein Totem, das Zeichen und Siegel auf seinem Schild.

Auch der rote Jüngling träumte. Er sah jedoch keines der Geschöpfe, die während seines Schlafes an ihm vorübergezogen waren, sondern einen Bären, einen hochaufgerichteten, mächtigen Grisly, der mit der Vorderpranke Zeichen machte. Das war ein gutes Vorzeichen, und der Jüngling beschloß, den König der Berge zu seinem Totem zu wählen. Als er außerdem noch zwei Adlerfedern fand, die wohl aus dem Horst im Wipfel stammen mochten, war sein Herz von Dank erfüllt, und er schlug mit seinem Tomahawk eine Kerbe in den Stamm, einen langen, schmalen Einschnitt dicht neben die halbverheilten Spuren der Bärenzähne. Dann nahm er den Bärenschädel, tat als Opfergabe etwas Tabak in die Höhlung, band die Kinnladen mit Wurzelfasern sorgfältig fest und hängte ihn an einen abgestorbenen Ast. Ehe er ihn verließ, dankte er dem Baum und sprach freundliche Worte zu ihm. Als der junge Mensch den Schädel aufhängte, ging ein Schüttern durch den alten Stamm, und ihm war, als sei sein alter Gefährte wieder nahe, und da er die sanften Worte, die erste Menschenstimme vernahm, erbebte er von neuem. Nun wußte der Uralte, daß er nach einem Jahrhundert des Wartens wieder einen Freund gefunden hatte.

Nachdem der Jüngling unter die Krieger aufgenommen worden war, ging er zum Zelt des schwarzäugigen Mädchens. Es freute sich, daß er die Mutproben so gut bestanden hatte, wie die klaffenden Wunden* auf seiner Brust bewiesen, und pries ihn, weil er die Fastenzeit ehrlich durchgehalten hatte. Geschah es doch zuweilen, daß der eine oder andere kleine Stückchen Dörrfleisch mit in die Einsamkeit nahm. Nun konnte das Mädchen seiner Werbung nicht länger widerstehen. Es gab ihm die ersehnte, aber kaum erhoffte Antwort, reichte ihm die Hand und versprach weich und leise, das Gesicht scheu hinter dem Kopftuch verborgen, sein Tipi mit ihm zu

* Weist auf einen Teil des Sonnentanzes hin. Dem Prüfling wurden Rohhautstreifen durch die Brustmuskeln gezogen; ohne einen Laut mußte sich der werdende Krieger während des Rundtanzes als tapferer Mann erweisen.

teilen. Dann wünschte es den Ort zu sehen, wo er die Fastenzeit verbracht hatte und der so schön sein sollte.

Es sagte den Eltern Lebewohl, als wandere es nun in ein fernes Land. Gemeinsam zog das junge Paar zum Bergpaß hinauf, um auf der freundlichen Blumenwiese unter dem schützenden Dach der alten Kiefer die sonnigen Tage des Beerenmonats zu verleben. Dort errichteten sie das neue Tipi aus Büffelhaut, das auf diesen Augenblick so lange gewartet hatte. Obwohl der Aufstieg mühsam und steil war, hatten sie auf von Pferden gezogenen Schleppstangen viele bequeme Dinge mitgebracht. Pferde waren dem roten Volk seit einigen Geschlechterfolgen bekannt. Sie waren die verwilderten Abkömmlinge der Pferde, die von den bleichgesichtigen Eroberern im Süden zurückgelassen worden waren.

Nachdem das Tipi aufgerichtet war und die Pferde weideten, brachte der junge Krieger seinem Weib einige rotgetupfte Forellen aus dem Bach, Beeren von der Wiese und Blumen, um das Zelt zu schmücken, frisches Wildbret und duftende Farnwedel für ein weiches Lager. Er sammelte die Blätter der Wildkirsche, dörrte sie ein wenig am Feuer, um ihren feinen Duft hervorzulocken, und machte ein Kissen für die junge Frau. Hierauf fachte er vor dem Zelt ein fröhlich flackerndes Feuer an, steckte sich die beiden schwarzweißen Adlerfedern ins Haar und zog sein allerbestes Gewand an. Seine Braut hatte es gearbeitet, gestickt und befranst, und zwar schon lange vorher, ehe er die bedeutsame Frage gestellt hatte, die, wie sie ahnte, eines Tages kommen mußte. Einem bunt geschmückten Lederbeutel entnahm er eine kleine, bemalte Trommel, dann setzte er sich an das Feuer und sang. Mit der ganzen Hoffnungsseligkeit der Jugend sang er von dem Tag, da er Häuptling sein würde. Seine junge Frau lauschte und wußte in ihrem Herzen, daß er einmal ein Großer werden würde. Da sie jedoch nicht nur eine liebende, sondern auch eine praktische Frau war, besorgte sie das Fell des erlegten Hirsches, bereitete das Fleisch zu, kochte Beeren für ihre Mahlzeiten und briet Forellen vor dem offenen Feuer. Und beide waren sehr glücklich.

Wohlwollend und gütig sah der Baum auf dieses Treiben. Gleichsam um ihnen einen Teppich zu legen, warf er zuweilen von seinen Nadeln ab. Trauer erfüllte ihn, denn er wußte, daß er sie, wie alle Geschöpfe, die er gekannt hatte, bald verlieren würde. Sie standen unter einem anderen Gesetz als er. Sie vergingen, nur er mußte leben, immer weiterleben. Darum wollte er sie glücklich machen, so lange er konnte.

Eines Nachts hatte der junge Krieger einen Traum. Vor dem Tipi draußen saß ein großer Bär, ein silbernes Zeichen schimmerte auf seiner Brust. So lebhaft war dieser Traum, daß der Mann aufstand und vors Zelt sah. Es war niemand draußen. Leise legte er sich wieder nieder und beschloß, seiner Frau nichts zu sagen, damit sie sich nicht ängstige. Doch am Morgen erzählte sie ihm, sie habe im Traum einen mächtigen Bären gesehen, mit einem silbrigen, bogenförmigen Zeichen auf der Brust. Der Bär habe im Mondlicht vor dem Zelt gesessen und mit den Vorderpranken Zeichen gegeben. Nun gestand der Krieger seinen Traum und beschloß, dem Geist des Bären sofort ein Sühneopfer zu bringen, denn er war sein Totemtier. Er legte allen Tabak, den er besaß, in den Schädel, dann band er seinen schönsten, bestickten Hirschledergürtel daran fest, daß dieser wie eine Fahne im Winde flatterte.

Von jener Stunde an benutzte der Krieger das Zeichen des Bären als Schmuck. Er malte es auf Schild und Köcher, sein Weib stickte es mit bunten Perlen auf sein reiches Festgewand. Jedes Kleidungsstück trug das Zeichen in Braun.

Und nun verging kein Jahr, ohne daß der Krieger zu dem Ort wallfahrtete und eine Nacht unter dem Baum verbrachte. Jedesmal erschien der Bär in seinen Träumen. Nie vergaß der Krieger, ein kleines Opfer zu verrichten oder ein Zeichen seines Gedenkens an den Stamm zu heften, um den Baum und den Geist des Bären zu erfreuen. So geschah es jeden Sommer zur Zeit der Beerenreife.

Eines Tages erschien der Krieger wieder, ganz anders gekleidet als sonst. Er war bis auf einen Lendenschurz und die Mokassins an seinen Füßen vollkommen nackt. In einem perlenbestickten Gürtel steckte eine breite Messerscheide. Gesicht und Brust waren mit seltsamen roten, weißen und gelben Zeichen bemalt. Auf dem Kopf trug er eine Haube aus Adlerfedern, die weit auseinanderwogten. Die Rechte hielt eine lange, mit Federn und Stachelschweinsborsten verzierte Pfeife.

Seit jenem Tag, da er den Baum zum erstenmal aufgesucht hatte, waren fünfundzwanzig Jahre vergangen. Aus dem Jüngling war ein mutiger, großer Krieger geworden, und die Träume seiner Jugend hatten sich verwirklicht: Er war ein Häuptling.

Nun stand er wieder dort oben, um mit dem Baum Zwiesprache zu halten und von seinem Totemtier, das er Bruder nannte, Rat zu erfragen. Denn die Zeit war ernst. Morgen sollte eine große Schlacht stattfinden mit den Bleichgesichtern, die nun in lärmenden Scharen ins Indianerland brachen und die roten Menschen vertrieben. Vom Ausgang dieser Schlacht hing das Schicksal derer ab, deren Führer er war.

Feierlich zündete er die Pfeife und wies mit dem Stiel nach Osten, nach Westen, nach Norden, nach Süden. Dann zeigte er zur Sonne empor, die er verehrte, und zur Erde hinab, die er seine Mutter nannte. Zuletzt blies er eine Rauchwolke in die Äste und eine zweite in den Bärenschädel. Zurücktretend hob er seine Arme in einer Gebärde der Unterwerfung, neigte tief das geschmückte Haupt, so daß die Federkrone weit auseinanderfiel. Lange betete er:

O du mächtiger Baum, Wächter der Berge!
O du Geist des Bären, mein Bruder!
Ihr seid meine Beschützer!
Höret mich!
Nichts erbitte ich für mich, nur eines gewähret:
Macht mich stark im Streit!
Helft, daß mein Messer Tod bringe!
Helft, daß meine Streitaxt schwer niederfalle
auf die Bleichgesichter,
die gekommen sind, unsere Heimat zu nehmen!
Stärkt meine Arme, damit sie den Bogen
spannen und den Pfeil tödlich ins Ziel schicken!
Macht mich mutig!
Nicht meinetwegen bitte ich -
ich kämpfe nicht mehr um Ruhm.
Ich kämpfe für mein Volk, für mein Weib,
für meine Kinder!
Die Bleichgesichter treiben das rote Volk
vor sich her
wie Schneeflocken im Wind.
Unsere Sonne geht unter, die Sonne
der Bleichen steht hoch.
Wie die Schneeflocken des Winters
schwinden wir dahin.
Macht mich stark im Streit!
Ihr seid meine Beschützer!
O meine Brüder -
Höret mich!

Der Baum gab Antwort, er schwankte, und seine Zweige raunten: »Sei stark! Wir sind bei dir!« Und der Geist des Bären hauchte aus den Schatten: »Ich werde neben dir stehen. Mächtig bin ich im Streit!«

Nachdem der Häuptling geopfert hatte, stieg er wieder in die Ebene hinab zu den Seinen, und ihm schien, als hörte er hinter sich die weichen, schleppenden Tritte eines großen Tieres, und er sagte sich: »Das ist mein Bruder, der Bär folgt mir nach.« Diese Gewißheit verlieh ihm Mut.

Im Dorf schritt er schnell zum Ratszelt, trat ein und rief: »Laßt uns den Kriegstanz beginnen! Schnell, denn wir werden sie schlagen! Unser Zauber ist stark heute nacht. Schlagt die Kriegstrommeln, laßt die Rasseln und Flöten ertönen! Stimmt den Kampfruf an! Seid stark! Habt Mut! Morgen ist der Sieg unser!«

Doch als in der Morgendämmerung die Blauröcke kamen, zeigte es sich, daß sie die besseren Waffen besaßen. Sie hatten auch schwerere Pferde und waren in der Überzahl. Mit Revolverkanonen, Karabinern, Pistolen und Reitersäbeln säten sie Tod und Verderben und verschonten niemand. Frauen mit Kindern auf dem Rücken wurden niedergeschossen; oft genügte eine Kugel für zwei Menschen.

Flüchtende junge Mädchen, Knaben und Greise brachen unter den Säbelhieben der lachenden und fluchenden Blauröcke zusammen. Hart bedrängt, flohen die Indianer zum Paß hinauf, denn dort konnten die Revolverkanonen sie nicht mehr erreichen, und die schweren Militärpferde waren im Gegensatz zu den leichten, flinken Indianerponys schlechte Kletterer.

Die Indianer ließen ihre Rosse frei und trieben sie hinauf, wo sie sicher waren. Die Krieger aber blieben und kämpften zwischen den Felsen zu Fuß weiter. Bogen und Pfeil traten auf diese kurzen Entfernungen wirksam in Tätigkeit. Ganze Soldatenabteilungen fielen in Hinterhalte, wurden niedergeschossen, ihrer Gewehre und Munition beraubt, und der Rest der Soldaten wurde mit seinen eigenen Waffen bekämpft.

Auf jener Bergwiese, wo die alte Kiefer stand, ging der Kampf zu Ende. Die Indianer sammelten sich unter dem Verehrungswürdigen und holten zum letzten Schlage aus. Mitten im dichtesten Getümmel fühlte der Häuptling die Gegenwart seines Bärenbruders. Er war nicht mehr ruhig und gutmütig, sondern furchtbar und todbringend. Des Häuptlings Arm wurde stärker, und er fühlte, wie nach jedem Hieb neue Kraft ihn durchströmte. Und kein Gegner konnte vor ihm bestehen.

»Wie ein Bär«, raunten die Krieger sich zu. Die Felsmauern ringsumher warfen sich den Schlachtlärm zu, als wollten auch sie in den Kampf eingreifen. Hoch oben in den Lüften zogen die Adler schreiend ihre Kreise über dem Feld voll Blut und Tod.

Der alte Baum stand ruhig und gesammelt, wie ein großer Feldherr, inmitten dieses Wütens.

Nun wandte sich das Schlachtenglück. Die Indianer, vom Gedanken an die gemordeten Frauen und Kinder bis zur Raserei erhitzt, verschonten niemand mehr. Mit Reitersäbel, Karabiner und Pistole, mit Pfeil und Bogen und Streitaxt gingen sie den Feind an. Mann gegen Mann wogte der verzweifelte Kampf. Die Soldaten wehrten sich tapfer, waren jedoch durch die schweren Stiefel und ihre militärische Ausrüstung schwer behindert und weit weniger beweglich als die nackten, flinken Indianer. Sie wurden fast bis auf den letzten Mann niedergemacht.

So ging die Vorhersage des Häuptlings in Erfüllung. Er erzählte den Kriegern, wie der Baum ihnen geholfen und wie tapfer der Geist des Bären neben ihm gestritten hatte. Und wer noch am Leben war, legte ein Dankopfer am Fuß des doppelt heiligen Stammes nieder. Der Bärenschädel wurde mit prächtigen Gürteln, Schilden, Feuerkörben und anderen wertvollen Gegenständen geschmückt, Zeichen tiefer Dankbarkeit und treuen Gedenkens.

Doch das Herz des Baumes war schwer, und der Geist des Bären trauerte, denn beide wußten, welcher Anblick der roten Männer dort unten harrte. Ein Krieger ist auf den Tod gefaßt, dort unten aber, zwischen den umgerissenen Tipis und glimmenden Resten, lagen Frauen und

Kinder tot und verstümmelt, darunter auch das Weib des Häuptlings und seine beiden Söhne. Der Schmerz der anderen war jedoch so groß, daß der Häuptling von seiner Trauer nicht sprach. Er ließ das zerstörte Dorf hinter sich und wanderte zurück auf die Bergwiese zu den gefallenen Kriegern. Stumm stand er vor dem alten Baum, todeinsam. Sein Atem ging schwer, als er der Zeit seiner jungen Liebe gedachte, des schwarzäugigen Mädchens, das scheu kam, um sein neues Zelt mit ihm zu teilen. Alles hatte der alte, alte Baum miterlebt. Wie die Kehle schmerzte! – Doch das war Schwäche! Mit einer entschlossenen Gebärde grüßte der Häuptling den Bärenschädel, den Baumriesen und dankte ihnen für den Sieg – den Sieg. Doch dann konnte er nicht mehr, er warf sich auf den Nadelteppich, mitten unter die Dankgaben, bettete Arme und Gesicht auf eine große, harte Wurzel und weinte. Er war kein Häuptling, kein Krieger mehr, nur ein Mensch.

Niemand sah es, keiner hörte es, nur die Zweige neigten sich, und der graue Schatten eines Bären saß neben dem Mann und rührte sich nicht.

Als später der Nachttau die Zweige netzte, fiel er auf den Mann und auf das stille Schlachtfeld, auf dem ein Sieg erstritten worden war, ein verlorener Sieg.

Der Weißen waren es zu viele. Ihre Übermacht und die bessere Bewaffnung zwangen das rote Volk nieder. Es wurde ohne Erbarmen vernichtet. Wo ehrlicher Kampf oder gerechte Behandlung nicht die Oberhand behielten, traten Vertragsbruch, wirtschaftliche Unterdrückung, Verbannung, Schnaps, Vernichtung der Bisonherden, rücksichtslose Unterdrückung des Eigenlebens der Stämme, ihrer Sitten, Religion, Sprache und Künste an ihre Stelle. Damit erreichte man das gewünschte Ergebnis.

Fast jedes Land der Welt schickte seinen Bevölkerungsüberfluß nach Amerika. Fruchtbar wie Kaninchen, anmaßend und landhungrig, fielen die Einwanderer wie ein Heuschreckenschwarm in das nordamerikanische Festland ein und überrannten es. Was diese Menschen nicht gebrauchen oder unterwerfen konnten, vernichteten sie. Der Rauch brennender Wälder und Prärien verdunkelte die Mittagssonne. Ungeheure Ländereien wurden zum Schlachthaus, und der Gestank der niedergemetzelten Bisonherden verpestete die Luft.

Was von den Indianern am Leben blieb, waren traurige Reste, Verstoßene im eigenen Land. Man trieb sie in Reservationen zusammen, stellte sie unter die Aufsicht von Agenten, die in den meisten Fällen nichts vom roten Mann und seiner Art wußten. Es war ein bitterer, aussichtsloser Kampf, bei dem - zu ihrer Schande muß es gesagt werden - viele »gut gesinnte«, in Wahrheit aber abtrünnige Indianer gegen ihre Brüder aufstanden und entweder mit schafsmäßiger Unterwürfigkeit oder um ihres Vorteils willen zum Verräter an ihrem Volk wurden. Einige dieser Verräter wurden sogar mit Denkmälern bedacht. Abschaum aller Art durchzog das Land und vertrieb sich die Zeit mit Menschenjagd, Indianerjagd, diente dem Militär als Pfadfinder und Führer und erwarb großen geschichtlichen Ruhm. Einige davon, allerdings wenige, waren echte Grenzer, geachtet selbst von denen, die sie bekämpften. Aber zu viele waren einfach Mörder, die sonst nirgends ihren Blutdurst hätten stillen können, ohne aufgeknüpft zu werden.

Beide Parteien massakrierten ihre Gegner ohne Unterschied, und furchtbare Greuel wurden verübt, von der einen Seite, um die blutgetränkte Erde zu behalten, von der anderen, um sie zu nehmen. Die Ureinwohner des Landes - Mensch und Tier - wurden vorsichtig, scheu und unnahbar. Nicht ohne Berechtigung zahlte der rote Mann gebrochene Verträge mit Verrat und Heimtücke zurück.

In den sogenannten »Pilzstädten«* waren nicht selten Bordell und Gefängnis die Hauptgebäude. Aus den zusammengewürfelten Einwandererhaufen entstand der Menschenschlag der »Revolvermänner«, die ganze Gemeinschaften terrorisierten, die mordeten, raubten, stahlen und gegen die Mächte der Ordnung einen regelrechten Krieg führten. Der Indianer in seinem Elend mußte hilflos, rechtlos zusehen, wie die Blaßgesichter sich gegenseitig an die Kehlen fuhren und sich um den Besitz eines Landes stritten, das ihnen nicht gehörte.

Die Zivilisation war in den Westen eingedrungen! Nun war er in Wahrheit »wild«. Der große »Wilde Westen« der Romantik in Erzählung und Lied stand in höchster Blüte.

Die alte Kiefer sah alles. Nie gab sie ein Zeichen. Sie stand nur sehr still und blickte schweigend über das Land.

Viele Jahre nach jener heute vergessenen Schlacht schritt ein Greis den Pfad herauf. Er ging sehr langsam und unsicher, wie einer, dessen Kräfte verbraucht, dessen Lebensflamme am Erlöschen ist. Als er vor dem alten Baum stand, ließ er sich auf eine der großen Wurzeln nieder und schaute in Gedanken versunken lange in die Ferne.

Sein Auge fiel auf verstreut liegende Menschenwohnungen. Sie waren nicht mehr die Ledertipis seines Volkes, sondern die Holzhäuser der Weißen, die das Land in Schachbrettmuster aufgeteilt hatten. Die dunklen Wogen der Bisonherden waren verschwunden; nur ihre Gebeine lagen zu hohen Haufen geschichtet am Schienenstrang der Eisenbahnlinie entlang. Genau so, als sollten sie gelegentlich verladen und als Dünger fortgeführt werden. So war es auch, der Alte hatte es gesehen.

Er saß, dachte und schaute. Aus dem einstigen Wildwechsel war eine Straße geworden. Zuerst war der Fallensteller gekommen und hatte alle geheimen Plätze der

* Mushroom towns, weil sie wie Pilze aus der Erde schossen

Wildnis ausgekundschaftet, unbekannte Pfade entdeckt oder neue geschaffen. Ihm war der ehrenhafte, angesehene »Forscher« gefolgt. Er gehörte selten zum Vortrupp, sondern trat in die Fußstapfen des Fallenstellers, erntete aber oft den Ruhm und gab der Landschaft seinen Namen. Dem Forscher kam der Missionar nach, gut, entsagungsvoll und vom Glauben an seine Aufgabe erfüllt, manchmal aber auch etwas mißleitet. Nun kamen in rascher Folge die Goldsucher, die Schnapshändler, die Cowboys, die Landvermesser und endlich die Grund- und Bodenmakler. Von allen diesen Abgesandten der Zivilisation hatte außer dem Fallensteller keiner eine Ahnung, daß ihr Wanderpfad sein Vorhandensein einzig und allein dem einsamen Baum verdankte.

In weniger als zwanzig Jahren war der Übergang vom Wildpfad zum Wanderweg und endlich zur Straße vollzogen. Jeder der vorüberziehenden Abenteurer hatte ein Stück der indianischen Opfergaben mitgenommen, die dort lagen oder hingen. Nur die Missionare verhielten sich in den meisten Fällen ehrlich, obwohl sie diese Zeichen von Baum- und Sonnenanbetung mißbilligten und die Ansichten der Eingeborenen über die Tierseele bekämpften. Sie scheuten sich auch nicht, ihre geistige Überlegenheit der Besitzgier der Weißen gelegentlich zur Verfügung zu stellen. Aus irgendeiner Laune, vielleicht weil er wertlos schien, ließ man den Bärenschädel hängen.

Der Bergbach war ausgetrocknet; ein kleines Gehölz, das früher an einem seiner Ufer wuchs, war verbrannt. Die Adler waren tot oder hatten das Gebiet verlassen, und ihren Horst hatten die Winterstürme eines halben Jahrhunderts zerstört.

Mit allen Erfahrungen seines langen Lebens hatte der alte Mann unter der Kiefer die Zeit nicht voraussehen können, da die Menschen hungern mußten in einem Land, wo der Weizen schneller gedieh, als man ihn verbrauchen konnte. Trotzdem pflanzten die Menschen immer mehr Weizen, nur weil sie es gewohnt waren. Ebensowenig konnte er die Habgier und schlechte Verwaltung begreifen, die fruchtbares Prärieland in Staubwüsten verwandelt hatten, in denen nicht einmal Kakteen und Klapperschlangen eine Lebensmöglichkeit fanden.

Schweigend starrte der Alte über dieses ihm verbotene Land hin. Ihn, den Indianer und Sohn seiner Erde, hieß es nicht mehr willkommen.

Aus dem Häuptling war ein Landstreicher geworden mit geflickten, schlecht sitzenden Hosen, abgetretenen Schuhen und einem verbeulten Hut, durch dessen Löcher weiß Haare schimmerten. Der Rock, den er trug, war viel zu klein. Das Essen mußte der Alte sich von denen erbetteln, die ihm sein Eigentum gestohlen hatten. Er besaß weder Unterwäsche noch Strümpfe. Um seinen faltigen Hals trug er eine billige Metallscheibe; das Bild darauf zeigte einen Weisen der Blaßgesichter, einer von den vielen, die sie hatten. Wie traurig mußte dieser Gott mit den milden Augen auf all dies herabgesehen haben!

Gebeugt war die Gestalt des alten Mannes und verkommen sein Aussehen, nur sein Antlitz verriet noch etwas von der alten Würde; und die Augen blickten scharf. Dieser ruhige, durchdringende Blick mußte früher manchen entmutigt haben. Auf den düsteren, unbeweglichen Zügen lag eine Ruhe, die nur von der feierlichen Gelassenheit der ewigen Berge übertroffen wurde. Geistesabwesend spielten die Finger des Alten an der Medaille herum. Plötzlich merkte er's und starrte auf das Ding. Mit einem jähen Ruck zerriß er das Band und schleuderte das Anhängsel weg, daß es scheppernd auf einen Stein schlug.

Schwankend erhob sich der Greis; die alten Augen funkelten, und seine Züge verzerrten sich zu einer wilden

Fratze, als er die Schuhe verächtlich von den Füßen stieß, den alten Rock herunterzerrte und samt dem Hut angeekelt von sich warf.

Halbnackt stand er vor dem Baum; noch verriet die Brust die einstige Kraft. Leise streckte der Alte die Hand aus und führte sie gelinde über zwei verharschte Narben. Eine hatte seine Streitaxt einst geschlagen, die andere mochte von großen Bärenzähnen stammen. Der alte Indianer taumelte, seine tastenden Hände fanden einen Bärenschädel. Die Wurzelfasern, die früher die Kinnbakken zusammenhielten, waren vermodert, und der Unterkiefer hatte sich gelöst und lag auf der Erde. Schwer lehnte der Alte gegen den Schädel. Dann hob er das Haupt empor, das vom Schnee von neunzig Wintern gebleichte, und begann zu sprechen:

O du Baum, mein Beschützer!
Zu lange leben wir,
zu lange.
Die Vergangenheit ist tot und liegt
wie ein abgeworfenes Gewand zu unsern Füßen.
Laß sie liegen, rühre nicht daran,
damit sie nicht in Stücke falle und
uns für immer verlorengehe.
Von allen, die sie kannten – die große Vergangenheit,
nur du und ich sind geblieben.
Unser ist die Erinnerung.
Unsere Herzen werden sie nicht mehr lange
tragen, die Last, die große Last der Vergangenheit.
Sie ist zu schwer, und wir sind nur zwei.
Unsere Völker sind dahin; die Bleichgesichter
haben alles an sich genommen.
Unsere Arbeit ist getan, deine und meine.
Ehe der Winterschnee dich wieder umhüllt,
ehe die Geistervögel auf weißen Schwingen
durch die Wälder fliegen, werde ich sie
wiedersehen, die Mutter meiner Söhne war.

Ich werde den großen Bären sehen, dessen
Geist an meiner Seite gegen die Blauröcke stritt.
Bald wirst auch du zu uns treten,
denn nun, da der Indianer nicht mehr ist,
ist auch deine Stunde gekommen.
So kündeten die Weisen, die deine Jugend kannten.
So haben sie gesprochen, und so wird es sein;
denn was gesagt ist, muß erfüllt werden!
Und wenn du eingegangen bist in das
Große Geheimnis,
werden wir wieder in deinem Schatten ruhen
und der Tage gedenken, die vergangen sind.
Denn wir sind schon lange Brüder, du und er und ich.
Der Große Geist ist gut, er wird uns nicht
voneinanderreißen.
Kein sterblicher Mensch, sei er noch so weise,
darf sagen, nur er werde im Nachher leben.
Sei stark, bis deine Stunde kommt –
O mein Freund vieler Tage!
O Baum, o großer Bär, meine Beschützer, höret mich!
Wir werden warten.

Er schwieg. Seine Hand fuhr suchend in die Tasche und zog ein Stück Tabak heraus. Behutsam schob er die Opfergabe in den Schädel. Dann setzte sich der alte Häuptling und lehnte den müden Rücken an den knorrigen Stamm, der ihn wohl schützen, aber kein neues Leben einflößen konnte. Er hätte es auch nicht getan.

Ganz still und reglos schaute er in die Ebenen hinaus, lauschte der Baumstimme, die der Wind in den Zweigen weckte. Sie summten einen tiefen, schwebenden Akkord von überirdischer Schönheit, ein Echo aus der Ewigkeit.

Immer noch starrten die alten Augen über die Prärien, bis sie dem Blick entschwanden. Der Baum schwieg, und das Leben verließ den alten Krieger so, wie es vor zwei Jahrhunderten den großen Bären verlassen hatte.

Nun war der letzte Freund gegangen, und der Baum wußte, daß bald auch seine Stunde schlagen würde. Denn es war sein Schicksal, daß alle, die er liebte, vor ihm sterben mußten. Erst wenn sein allerletzter Bruder gegangen war, war auch seine Zeit abgelaufen.

In jener Nacht brauste ein Sturm aus den Bergen und rüttelte den alten Stamm, daß er stöhnend in seinen Grundfesten wankte.

Am Morgen zogen einige Reiter vorbei und begruben den alten Häuptling in einem namenlosen Grab dicht neben der Straße. Einem Einfall folgend, holte einer der Reiter den Bärenschädel herunter und warf ihn in das von leeren Konservenbüchsen und anderem Abfall gefüllte Bachbett.

Später beschloß man, eine Autostraße heraufzuführen. Eines Tages kamen die Ingenieure, lauter praktische Männer, die nur gerade Linien schön fanden und unbewegt zusahen, wie der jungfräuliche, freie, wilde Wald geknebelt wurde. Romantik? Sie kannten keine. Die Erde dem Menschen untertan zu machen - das war ihre Romantik. Der alte Wächter an den Pforten der Berge stand ihnen im Weg. Gelassen erwartete er sein Ende. Die erste Axt fuhr in den Stamm, er rührte sich nicht. Schlag folgte auf Schlag, nun schwankte er ein wenig zur Seite. Doch dann riß und zerrte es in ihm, und mit einem wilden, stöhnenden Schrei krachte der Riese zur Erde, mitten hinein in die Beeren und Blumen der Bergwiese, wo er vor siebenhundert Jahren aus der Erde gesprossen war. So erfüllte sich auch sein Schicksal, wie die Weissagung der Schwarzfüße gekündet hatte.

Und die Berge verharrten in steinerner Ruhe, denn sie wissen, daß Bäume und Menschen vergehen müssen, sie aber ewig leben dürfen.

Nachdem der letzte Axthieb gefallen war und der Baum tot auf der Erde lag, erschien für einen kurzen Augenblick die nackte Gestalt eines Indianers mit einer wogenden Federkrone auf dem Haupt; dann war sie verschwunden und mit ihr ein zottiger, mächtiger Grisly.

Auf der neuen Verkehrsstraße glitt ein teures, mit allen Schikanen der Neuzeit ausgestattetes Automobil dem Bergpaß zu. Zwei Männer saßen darin. Der eine, am Steuerrad sitzende, hatte empfindsame, nervöse Hände und den ruhigen Blick des geborenen Beobachters. Sein Begleiter dagegen war ein plumper Mensch. Tränensäcke hingen unter seinen Augen. Die wulstigen Lippen knautschten eine dicke Zigarre.

Nun brauste der Wagen in den Bergpaß hinein, von wo aus sich ein prachtvoller Anblick in das bebaute Prärieland bot. Der Empfindsame hielt an und blickte sich um.

»Donnerwetter, sehen Sie sich die Berge an! Schön, was?«

Der andere kaute an seiner Zigarre und blinzelte berechnend zu den ragenden Gipfeln hinauf.

»Damit kann ich keine Geschäfte machen«, grunzte er.

Dicht neben der Straße lag ein gewaltiger Wurzelstock. Der Dicke nahm die Zigarre in die beringten Finger und spuckte kräftig aus, mitten auf den Baumstumpf.

Leise glitt der Wagen weiter.

Ein rotes Eichhörnchen schoß mit einem Kiefernzapfen im Maul über die Straße, ließ ihn irgendwo in der Wiese fallen und vergaß ihn dort.

Von der Zerstörung der Natur

Ich denke oft, wie falsch es ist, einen schlechten Menschen als »Tier« zu bezeichnen; denn ein Tier ist selten verdorben.

Je länger ein Mensch in den Wäldern lebt, um so mehr wächst seine Achtung und Liebe für die vielgestaltigen Lebensformen der unberührten Natur. Zuletzt fällt es ihm sogar schwer, den Tod zu bringen, und wenn es sein muß, dann nimmt er ein Leben nicht ohne ein gewisses Schuldgefühl, nicht ohne eine unausgesprochene Bitte um Vergebung. So natürlich und zwingend wird das Verlangen, gutzumachen, daß alte Indianer eine besondere Kulthandlung vornehmen, namentlich wenn es sich um ein höher entwickeltes Tier handelt.

Vor vielen Jahren kam auch ich zu dieser Erkenntnis. Sie ergriff langsam, aber so sicher Besitz von meinem Denken, daß ich in ihr heute das natürliche Ergebnis eines Lebens sehe, das zu viel zerstört und zu wenig aufgebaut hat. Damit stehe ich nicht allein; denn ich weiß, von den vielen, durch ähnliche Erfahrungen hindurchgegangenen Menschen sind nur die Gleichgültigen, die seelisch Trägen, die Hochmütigen und Selbstsüchtigen ganz unbeeinflußt geblieben.

Nie wird ein Mann ein echter Wäldler im feineren Sinn werden, wenn er nicht so tief in die Wildnis eingedrungen ist, daß er sich ihr verwandt und verantwortlich fühlt. Hat dieses Empfinden Besitz von seiner Seele genommen, versucht er oft ganz unbewußt, nicht mehr Blumen als unbedingt notwendig zu zertreten. Dann und nur dann ist er für die feinen Nuancen einer Kultur empfänglich, die einem andern, nicht so Aufgeschlossenen unzugänglich bleibt.

Viele laufen wie Blinde durch die Wälder. Sie sehen nur soundsoviele Raummeter Holz und schätzen die Biberburgen nach Dollarwerten. Für sie gibt es keine schöne Natur.

Ein Mann, den ich einmal auf einen Berg führte, um ihm das unendliche, am fernen Horizont sich verlierende Waldland zu zeigen, sagte nach kurzer Pause: »Donnerwetter, ein ganz respektabler Holzhaufen wäre das!« Seine Meinung über eine Landschaft, wie sie nur wenigen Menschen zu sehen vergönnt ist!

Der Wald ist nicht ausschließlich da, um Holz zu liefern, obwohl ein gewisser, in vernünftigen Grenzen gehaltener Holzschlag für die Industrie notwendig ist. Es gibt viele Gründe, große, unberührte Urwaldgebiete zu erhalten. Nebenher müßte für eine gründliche, ganz systematisch betriebene Aufforstung gesorgt werden. Holzverarbeitende Industrien sollten verpflichtet werden, für jeden gefällten Baum sechs oder zwölf neue zu pflanzen. Was sie später ernten wollen, sollen sie auch säen und die noch übrigen Urwälder Kanadas in Ruhe lassen. Wenn man den Geschäftsinstinkten erst einmal freie Hand läßt, sind unsere Wälder unwiederbringlich dahin.

Man behauptet, alle Geschöpfe seien nur da, um uns zu dienen. Vielleicht stimmt das - aber es ist heutzutage nicht mehr fein, seine Bedienten zu mißhandeln. Außerdem kann wohl niemand behaupten, der Hirsch sei nur erschaffen, um vom Wolf gefressen zu werden, oder die Tannenzapfen wüchsen nur, um dem Eichhörnchen zur Nahrung zu dienen. Wenn wir erst einmal im Wald stehen, sind wir keinesfalls mehr als Wolf und Eichhörnchen, sondern oft viel weniger.

Im allgemeinen sprechen wir den Tieren jede Denkfähigkeit ab, wollen nichts davon hören und schreiben alles dem Instinkt zu. Aber fast alle Tiere können denken, und alle Menschen haben Instinkt. So kann man es auch sehen.

Höchstes aller Wesen ist der Mensch - aber das heißt noch lange nicht, daß ihm und nur ihm allein die Natur gehört, wie er's sich so gerne einbildet. Nein - er gehört zu ihr! Daß er Anteil hat an ihren Gaben, ist nur recht und billig, er kann und darf jedoch nicht den andern Geschöpfen dieses Recht verweigern. Sie müssen doch auch leben! Und darum sollte er ein wenig bescheidener sein und nicht alles haben wollen.

Selbstverständlich dürfen wir die Schätze des Bodens und der Tierwelt heben und nützen - können wir es aber nicht ein wenig mehr im Geiste eines Menschen tun, der zum Beispiel in einem schönen Garten lustwandelt, wo er eingeladen wird, sich zur Freude ein paar Blumen zu pflücken? Doch nur zu oft handeln wir (ich sage ausdrücklich »wir«, denn auch meine Vergangenheit ist nicht fleckenlos) wie unverantwortliche Kinder. Wir sind nicht mit wenigen Blumen zufrieden, sondern trampeln zusammen, was wir nicht mitschleppen können.

Wie ungerecht die Tierwelt von uns behandelt wird, ist zu gut bekannt, als daß ich es hier noch umständlich ausführen müßte. Diese Ungerechtigkeit umfaßt die ganze Stufenleiter von der Vernachlässigung, Geringschätzung aller Forderungen, die auch das Tier an das Leben stellen darf, bis zur überlegten Grausamkeit. So viele Menschen gieren nach Macht, und an Wehrlosen befriedigen sie die Gier. Das ist Schwäche - nicht Stärke echter Macht. Aus dieser Schwäche entspringt die sprichwörtliche Grausamkeit des Feiglings. Die mutigsten Männer sind meist auch die gütigsten.

Leider scheint die Großmut des Stärkeren, auf die wir so stolz sind, dem Tier gegenüber Schiffbruch zu erleiden. Das Tier ist ja stumm, es kann sich nicht wider den Menschen erheben und ihn vor der Öffentlichkeit anprangern. Im allgemeinen treten wir dem Tier entweder mit Mißachtung oder – wo es sich um kleinere, hilflosere Vertreter handelt – mit Herablassung gegenüber. Vor den Wehrhaften hegt man eine ziemlich unvernünftige Furcht.

Hier sei noch der Auchjäger gedacht, die leichtsinnig Schnappschüsse auf unmögliche Entfernungen auf sich bewegendes Wild hinausjagen; ob das krankgeschossene Tier irgendwo elend verendet, rührt sie nicht im mindesten.

Ich hatte auch einmal einen von dieser Sorte zu betreuen. Sein dummer Schuß zerschmetterte dem Hirsch den Unterkiefer. Als wir das Tier nach Tagen fanden, blickte der Jäger auf den Kadaver hinunter und meinte: »Na du ... ich hab' dich doch erwischt.«

Auch eine Einstellung, aber noch lange nicht die schlimmste. Während der Jagdzeit kann man immer wieder erleben, wie gedankenlose Schießer das getroffene Wild flüchten lassen. Um des schnöden Geldes willen wurden ganze Tierarten ausgerottet, und viele nützliche Vögel werden noch heute dem Gaumenkitzel zum Opfer gebracht.

Liebe zum Tier ist ein Gradmesser für die innere Höherentwicklung eines Volkes. Wenn sie zutage tritt, ist fast alles andere bereits erreicht worden. Tierschutz kommt ja in der Regel zuletzt an die Reihe.

Welches Unrecht fügt man dem Tier zu, um gewisse modische Bedürfnisse zu befriedigen. Es scheint, als könne der Begriff »Geldverdienen« alles entschuldigen. Nenne ein noch so unethisches Unternehmen »Geschäft«, und der Fall ist in Ordnung. Gewisse Fische sollen bei lebendigem Leib zerstückelt werden, weil das ihr Fleisch besonders wohlschmeckend mache. Ja, ist denn unser Magen so wichtig, kann man wirklich so kindisch sein? Vielleicht haben Fische kein Gefühl – möglich, ich weiß es nicht. Aber Vögel haben Gefühl, und doch werden in manchen Ländern Tausende von Lerchen und anderen Singvögeln gefangen, getötet und gegessen. Ich kann und will nicht glauben, daß die kleinen Sänger einzig und allein für den Gaumenkitzel geschaffen wurden. Ist es zu glauben, daß gewisse Vogelfänger den Tierchen mit einer Nadel die Augen ausstechen, damit sie um so süßer singen, ununterbrochen singen und, in ein Netz gesteckt, als Lockvogel dienen?

Jedes lebendige Wesen ist so oder so ein Schmarotzer, muß es sein, weil es leben will. Auch der Mensch ist ein Schmarotzer - der größte Schmarotzer auf dieser Erde. Von allem und jedem zieht er Tribut ein, sogar von seinen Artgenossen. Fast immer nimmt er mehr, als er braucht, und zerstört, ohne an die Zukunft zu denken. Er hat eine hohe Stellung errungen, aber er muß noch viel lernen an Duldsamkeit, an Nachsicht und Bescheidung.

Ich bin noch immer ein Jäger. Die Kamera ist heute meine Waffe. Diese Form der Jagd macht auf die Dauer mehr Freude und ist, als Sport betrachtet, beträchtlich schwieriger.

Ich? Ich töte nicht mehr oder nur, wenn es unbedingt sein muß. Der eine sammelt Geweihe, der andere schmückt sein Jagdhaus mit den Fellen. Gut, jeder nach seinem Geschmack - ich ziehe die Tiere lebendig vor.

Ich erhebe nicht den Anspruch, der Menschheit zu dienen, ich habe auch keine »Botschaft« zu verkündigen. Nichts dergleichen - ich versuche nur, das wenige zu tun, das in meinen Kräften steht, die Geschöpfe, unter denen ich mein Leben verbracht habe, vor dem Untergang zu schützen.

Walter Bauer
Grey Owl: Der weiße Indianer
Lamuv Taschenbuch 280

Grey Owl: Sein Vater habe als Regierungsscout in Fort Laramie (Wyoming) unter Oberst Cody (»Buffalo Bill«) gedient, seine Mutter wäre Apachin, behauptete er. In Wahrheit hieß er Archibald Balaney, stammte aus Hastings in England und war mit 16 Jahren aus seinem behüteten Elternhaus nach Amerika geflohen und von einem Indianerstamm aufgenommen worden. Er heiratete eine Irokesin, Anahareo, streife durch das »Land der Nordwinde«, wie die Indianer die Wildnis Kanadas, bezeichneten, erlebte, wie die alten Jagdgründe des Roten Mannes zerstört wurden, gab 1928 Jagd und Fallenstellerei auf, wurde zum Schützer der bedrohten Tierwelt. Die Aufzeichnungen des angeblichen Halbbluts fanden Millionen von Lesern.
Walter Bauer erzählt die Geschichte des weißen Indianers, »der seine Vergangenheit abgestreift hatte, um eine andere Identität zu gewinnen, und in ihr lebte ... Er war Grey Owl geworden, weil er dort, wo ihm dieser Name gegeben worden war, zu Hause war«.

Walter Bauer, geboren 1904 in Merseburg, gestorben 1976 in Toronto, war Volksschullehrer, im »Dritten Reich« auch Lastwagenfahrer. 1928 erschien sein erster Gedichtband, 1930 der erste Roman »Ein Mann zog in die Stadt«. Die Nazis verboten seine Bücher. Nach dem Krieg lebte er als freier Schriftsteller in der Nähe von München. 1952 siedelte er nach Kanada über, wo er zuletzt als Dozent für deutsche Literatur tätig war. Für seine Nansen-Biographie erhielt das Mitglied des westdeutschen PEN und der Deutschen Akademie für Sprache und Dichtung den Albert-Schweitzer-Buchpreis.

Ein Buch aus dem Lamuv Verlag

Elmar Engel
Anahareo und Grey Owl
Lamuv Taschenbuch 281

Nur selten schien die Irokesin Anahareo aus dem breiten Schatten herauszutreten, den ihr Mann Grey Owl alias Wäschakwonnesin alias Archibald Belaney warf. Dieser schillernde Typ, seine spätere Berühmtheit schien alle damaligen Konventionen außer Acht zu lassen und die vorgebenen Maßstäbe zu sprengen. Anahareo war nicht nur seine Partnerin, sie hat ihm nicht nur bedeutende, wenn nicht gar entscheidende Anstöße gegeben – sie war eine starke und unabhängige Persönlichkeit. Sie hat sein wildes, unkonventionelles Leben über lange Jahre hinweg geteilt, ist jedoch nie zu seinem Anhängsel verkommen. So hoch der Preis auch sein mochte: Nie hat sie ihre eigenen Ambitionen und Intentionen, ihre Individualität aufgegeben. Auch ihr Leben, ihre Abenteuer bieten Stoff für Anekdoten, Geschichten und Legenden...

Elmar Engel wurde 1933 im Saarland geboren. Er befuhr die Wildströme Nordamerikas und lebt heute zusammen mit seiner Frau Brigitte in einer Blockhütte in Kanada in der unmittelbaren Nähe einer kleinen Indianersiedlung. Elmar Engel arbeitet für Presse, Funk und Fernsehen und hat mittlerweile über zwei Dutzend Büher veröffentlicht, darunter »Blackfoot, Cree, Mohawks ... – Zur Geschichte der Indianer im Norden Amerikas« (LTB 140), »Geronimo und die Apachen« (LTB 161), »Sitting Bull und die Sioux« (LTB 173), »Tecumseh und die Shawnee« (LTB 190), »Die Comanchen und ihr Häuptling Quanah Parker« (LTB 211), »Chief Joseph – Häuptling der Nz Percé« (LTB 235), »Crazy Horse – Häuptling der Oglala-Sioux« (LTB 247), »Uncas – Der letzte Mohikaner« (LTB 260), »Pontiac – Häuptling der Ottawa« (LTB 272) und »Die Navajos« (LTB 290).

Ein Buch aus dem Lamuv Verlag

Wäscha-kwonnesin
Ihre Mokassins hinterließen keine Spuren
Grau-Eule erzählt

Lamuv Taschenbuch 111

Wäscha-kwonnesin streifte durch die Wildnis Kanadas, immer auf der Suche nach unberührten Jagdgründen. Doch die Lebenswelt der Indianer und Trapper wurde zerstört. »Für den Indianer ist das Eindringen des Weißen gekennzeichnet durch eine Verwüstung ... Nichts blieb zurück als ein einsamer Pfad und ein Häuflein Asche ... glitt über Hügel und Berge hinein in die dunkle Ferne, ins Reich der Schatten, in den Sonnenuntergang.«

James Brave Wolf
Von nun an bin ich Kriegerin
Eine indianische Erzählung

Lamuv Taschenbuch 120

Tecumseh, Sitting Bull, Geronimo – große Häuptlinge, deren Leben und Taten inzwischen viele kennen. Doch wer ist Lozen vom Stamme der Chihinne (bei uns besser bekannt als Apachen)? Ein zwölfjähriges Mädchen, das sich heimlich auf eine gefährliche Reise begibt, um ihr Volk vor dem drohenden Untergang zu retten. Eine Kriegerin, die bewaffnet gegen die weißen Unterdrücker kämpft. Eine Sprecherin, die unermüdlich für Liebe, Solidarität, Bewahrung der indianischen Identität und für eine Lebensweise im Einklang mit der Natur eintritt. Eine Frau, die aufgrund ihrer Klugheit und ihrer hellseherischen Fähigkeiten wichtigste Beraterin des Häuptlings der Chihinne wird. Schließlich, gegen Ende des 19. Jahrhunderts, eine der letzten Überlebenden ihres Stammes.

Phillip Wearne
Die Indianer Amerikas

Die Geschichte der Unterdrückung und des Widerstands

Mit einem Vorwort von Rigoberta Menchú
Aus dem Englischen von Elisabeth Müller

40 Millionen Indianer haben die weiße Eroberung des Kontinents überlebt, die mit Ausrottung und jahrhundertelanger Unterdrückung verbunden gewesen ist. Seit nunmehr fünf Jahrhunderten kämpfen die indigenen Völker Amerikas für ihre Rechte, ihr Land, ihre Sprache und Kultur, im Norden wie im Süden des Kontinents.

»Phillip Wearnes gründlich recherchiertes und gut lesbares Buch erzählt die tragische Geschichte des Kolonialismus, die intensiven Bemühungen zur Erhaltung indigener Kulturen angesichts einer aggressiven Assimilierungspolitik und, sehr wichtig, der neuen Bewegung zur Vereinigung indigener Völker in ganz Amerika. Es ist eine ausgezeichnete Einführung in diese bedeutsame politische Entwicklung.
Phillip Wearne schreibt mit Engagement und Sensibilität. Sein Buch kommt zur rechten Zeit, da die Vereinten Nationen zur Internationalen Dekade der Indigenen Völker der Welt aufgerufen haben.« (Julian Berger, Sekretär der Arbeitsgruppe für Indigene Völker der Vereinten Nationen und Autor des »Gaia Atlas of First Peoples«)

»›Die Indianer Amerikas‹ stellt erstmals die Lage aller indigenen Völker Amerikas dar. Dieses überfällige Werk zeigt die kulturelle Vielfalt in Nord-, Zentral- und Südamerika wie auch bedeutende historische Parallelen. Phillip Wearne zeigt, wie wichtig die Landfrage im Kampf der indigenen Völker ist, ein Kampf, der mit Kolumbus' Ankunft begann und bis heute andauert.« (Dee Brown, Autor von »Begrabt mein Herz an der Biegung des Flusses«)

Ein Buch aus dem Lamuv Verlag